LE VIGNERON

LORRAIN,

entretien familier

SUR

LA POLITIQUE ET LE SOCIALISME

Par F.-J. GRANGER.

———◆———

BAR-SUR-ORNAIN,

IMPRIMERIE ET LITHOGRAPHIE DE SUHAUX FRÈRES,
Rue Rousseau, 22.

—

1849.

DIALOGUE

entre

Jacques Henry, vigneron ; Emile, son fils, instituteur, en vacances chez son père ; Madame et Mademoiselle Henry, mère et soeur d'Emile.

Simplicité et duplicité.

M. HENRY. Mes enfants, nous voilà seuls en famille ; j'ai poussé le loquet de derrière et verrouillé la porte de devant. Nous pouvons causer à notre aise sans crainte d'être entendus.

Toi, Emile, qui passes des journées sur les livres et qui instruis les autres, dis-nous ce que tu penses de tous ces brigands de républicains, de ces communistes, qui veulent nous égorger pour nous piller et partager nos vignes. Depuis qu'on est en république, les gazettes ne cessent d'annoncer des choses alarmantes et des atrocités. Il faut absolument que tu nous dises à quoi cela tient et quand cela finira.

EMILE. Quels journaux lisez-vous ?

M. HENRY. Je n'en sais pas le nom ; c'est M. le baron qui a la bonté de me les passer. Il y en a quelques-uns là depuis longtemps, tu pourras en juger.

Et Mlle Henry présenta à son frère plusieurs feuilles du *Constitutionnel*, parlant de balles mâchées, de charpie empoisonnée, et racontaut mille autres mensonges sur les journées de Juin.

EMILE. M. le baron est bien obligeant de vous passer des journaux comme entre amis. Vous l'avez sans doute nommé conseiller municipal.

M. HENRY. On voulait même le choisir pour maire ; c'est lui qui n'a pas voulu accepter. Et son fils, M. Achille, serait encore capitaine de la garde nationale, sans son aventure avec Jacques Marchal.

EMILE. Et quelle relation a pu avoir Jacques Marchal avec le noble fils de votre baron ?

M. HENRY. Tu sais que les Marchal sont pauvres. A l'âge de 16 ans, leur petite Justine était déjà servante chez le baron. Elle y fut victime du libertinage de M. Achille. Tu penses bien qu'elle n'est pas demeurée longtemps au château. Mme la baronne l'a donc fait chasser et l'on ne sait ce qu'elle est devenue. Sa mère en est morte de chagrin. En rentrant d'Afrique, le soir du samedi saint, le frère de Justine, qui avait remplacé M. Achille pour les 1200 francs que sa mère devait au baron, apprend tout cela et ne dit rien. Mais le lendemain, jour de Pâques, au moment où la famille du château sortait de la messe, il se présente devant toute la commune avec son uniforme de sous-officier et offre le choix de deux pistolets à M. Achille pour un duel. Le pauvre M. Achille s'est mis à trembler sur ses jambes en regardant sa famille et ses domestiques. Voyant qu'il n'acceptait pas, Marchal lui ordonne sous peine de mort, de s'agenouiller sur la terre encore fraîche qui recouvrait sa mère et de lui demander pardon. Tout le monde était stupéfait : la baronne a eu beau crier, personne n'a bougé, et M. Achille, tout fier et tout orgueilleux qu'il est, s'est mis à deux genoux sur la fosse de la mère Marchal. Depuis ce jour, M. Achille n'a pas osé se montrer.

EMILE. Et si le jeune baron était resté, il serait encore capitaine ?

M. HENRY. Bien entendu.

EMILE. On trouve donc que le frère de Justine s'est mal comporté envers le jeune seigneur ?

M. HENRY. Ce n'est pas qu'il ait eu tous les torts, mais que veux-tu, on a toujours tort de se brouiller avec un baron.

Mlle HENRY. Il n'y a donc personne pour protéger les femmes pauvres. Je pensais qu'on louerait un fils qui venge sa mère, et on le blâme ! En songeant au déshonneur de sa sœur, en voyant la fosse de sa mère, Marchal pouvait-il être content ? Moi, qui ne suis qu'une fille, je dis qu'il a bien fait, et, sur le moment, je l'aurais vu avec plaisir clouer le lâche Achille sur la fosse, avec son sabre.

M. HENRY. Et la guillotine donc ! Autrefois, les jurés avaient de la conscience, mais maintenant on va être jugé par des gens de toutes sortes, des républicains qui n'ont ni justice ni pitié. Tu as dû voir que le jury est changé.

Mme HENRY. Allons, ne parlons plus de ça ; causez république.

EMILE. Et c'est depuis Pâques que vous auriez voulu le baron pour maire ?

M. HENRY. Deux mois après l'aventure, mais

comme nous tenions à lui faire plaisir, nous l'avons nommé membre du Conseil Général.

EMILE. Lé baron rend donc beaucoup de services au pays qu'on tient tant à lui être agréable ?

M. HENRY. Ah ! s'il en rend ! on est bien heureux de l'avoir dans ce pays-ci. Tout est à lui : s'il lui reste quelques vignes à acheter, il les tient déjà par hypothèques, sans compter que tous les jours il s'enrichit encore. Tu sais que le village est pauvre ; il n'y a pas une famille qui ne soit dans la gêne. La moindre perte, un accident accule un homme au point qu'il ne peut se relever. On a beau suer, beau se priver, on sent que tous les jours son petit patrimoine diminue. C'est une chose qu'on ne peut expliquer, mais elle est incontestable, et pour peu que cela continue nous deviendrons aussi pauvres que le plus pauvre, absolument comme avant la grande révolution, quand les seigneurs avaient de grands châteaux et que tous les laboureurs et les manœuvres étaient enfoncés dans le terrier sous des toitures de paille ou de pierres plates.

EMILE. Votre gazette vous a-t-elle parlé de *l'impôt progressif* ?

M. HENRY. Ah ! cette invention des républicains pour voler, partager, et pour empêcher les pauvres gens de faire des économies, comme le dit bien M. le baron, il ne faudrait plus que ça. Mais heureusement, les représentans honnêtes l'ont rejeté. Aussi, comme M. le baron était content en lisant la gazette qui apportait cette bonne nouvelle ! Le facteur a eu un coup à boire à cette occasion ; c'est lui-même qui me l'a dit.

EMILE. Avez-vous étudié le crédit foncier ou la banque hypothécaire?

M. HENRY. Tu veux dire le papier-monnaie, qu'ils voudraient fabriquer pour s'enrichir et voler les pauvres gens? M. le baron espère bien que nos bons représentans repousseront une pareille scélératesse.

EMILE. Vous avez donc bien peu de confiance dans les républicains?

M. HENRY. On devrait pendre les plus enragés, et mettre les autres en prison pour leur vie.

EMILE. Connaissez-vous leurs crimes?

M. HENRY. Comment! est-ce que je n'ai pas lu dans la gazette de M. le baron qu'ils sont voleurs, libertins, et qu'ils n'ont pas de plus grand plaisir que de faire couler le sang?

EMILE, *après un moment de réflexion.* Mon père, vous avez lu l'Ecriture Sainte?

M. HENRY. Certainement.

EMILE. Vous savez que le Christ passa sa vie à faire le bien, à enseigner; que sa sagesse et sa vertu lui ont attiré une telle vénération, qu'aujourd'hui encore, après dix-huit siècles, ceux même qui nient un Dieu au ciel saluent son image sur la terre, dans les champs, sur les chemins comme à l'église; vous savez qu'il a annoncé aux hommes qu'étant tous créés à l'image du Créateur, il n'y a parmi eux ni maîtres ni esclaves, mais que tous sont frères?

M. HENRY. Je sais tout cela.

EMILE. Vous savez aussi que, pour avoir prêché cette doctrine, il fut accusé d'être ambitieux, séditieux, anarchiste, de fréquenter les gens du peuple, les gens de mauvaise vie, et d'avoir menacé de détruire le Temple? Vous savez que les Pharisiens le mirent en jugement, et que la multitude, égarée par eux, demanda sa mort. Vous savez qu'il fut condamné au dernier supplice ; qu'un magistrat voulut le relâcher à l'occasion d'une fête, et que le peuple lui préféra le brigand Barabas, en s'écriant plusieurs fois : *Crucifiez le Christ ! crucifiez-le !*

M. HENRY. Je sais tout cela avant toi : c'est l'Evangile des Rameaux.

EMILE. Eh bien ! mon père, si le Christ revenait sur la terre, les Pharisiens de notre époque le feraient encore mourir, et vous-même, le croyant criminel, vous demanderiez sa mort, et vous crieriez de toute la force de vos poumons : *Crucifiez-le ! crucifiez-le !* Et, sauf le pauvre sous-officier Marchal et quelques bonnes femmes, il ne se trouverait personne au village pour s'intéresser à sa sépulture.

M. HENRY. Comment ! tu me supposes capable de demander la mort du bon Dieu ?

EMILE. Mais aujourd'hui, dans un siècle de lumières, quand je vous entends, vous, mon père, maudire la révolution de Février! Vous, type de douceur, de bonne foi et de probité, condamner à mort nos plus généreux patriotes ! Oh ! qu'ils sont criminels, ceux qui trahissent si indignement votre confiance!

M. HENRY. Ainsi, tu crois donc que ceux qui ont fait la révolution de Février ne sont pas des communistes, des escrocs, des voleurs ; qu'ils ne seraient pas bien contens de nous égorger pour partager nos vignes? M. le baron, qui est riche, ne les connaît-il pas mieux que toi ?

ÉMILE. C'est précisément parce que le baron est riche et les connaît, qu'il soudoie des journalistes pour les calomnier et pour vous tromper. Il sait bien, lui, que plusieurs d'entre eux ont consacré leurs fortunes et leur vie pour travailler à l'anéantissement de l'égoïsme et au triomphe de la cause du peuple. Vous ignorez, vous, les sacrifices qu'ont faits, pendant longtemps, ces hommes généreux pour démasquer les hypocrites Pharisiens qui s'engraissent de vos sueurs, se font un jeu de perdre vos filles, et vous regardent comme une race abâtardie. Ah! s'ils eussent abandonné le peuple, comme on chanterait leurs vertus au lieu de les calomnier! Comme le baron les louerait, s'ils nous eussent trahis, nous qui vivons de notre travail!

Mais pour vous convaincre que vous êtes dupe du baron, écoutez-moi seulement vous expliquer l'impôt progressif sur le revenu, et vous jugerez :

Vous savez qu'il est des impôts par tête, qu'on soit riche ou non, tel, par exemple, que celui de la prestation. Le campagnard doit trois jours par année, ses tombereaux, charrettes et charriots, ânes, bœufs de trait, chevaux, domestiques, fils, et généralement tout homme valide de sa maison, pour la mise en état et l'entretien des chemins. Pendant que la corvée s'exécute, le gros propriétaire, retiré à la ville pour *manger ses rentes*, s'exerce à la chasse, va en carriole voir le paysan à l'ouvrage, ou calomnie les républicains dans les journaux; et quand la ferme est à bout de bail, la concurrence force le fermier à élever le loyer, et le propriétaire empoche le prix des sueurs du corvéable.

M. HENRY. Ça, c'est vrai.

EMILE. Vous savez que le petit carré de papier, pour le logement militaire, est présenté aussi souvent à l'ouvrier qui n'a qu'une chambre pour lui et sa famille, qu'au baron qui insulte à la misère du village en affichant des salons somptueux ;

Vous savez que les droits de douane sur le tabac, le coton, les couleurs, le sucre, le fer, les viandes et généralement tous les impôts indirects, qui forment les *trois quarts* du revenu de l'état, sont les mêmes pour le pauvre que pour le riche ;

Vous savez que pour boire un litre de vin fiéret le dimanche, l'ouvrier paie le décime de la vente, la patente, la licence et les vexations du débitant, tandis que le riche consomme un tonneau de champagne pour trente-quatre sous de droits ;

Vous savez que les petits vins de Lorraine paient les mêmes droits que ceux du Midi;

Vous savez que la porte basse et la fenêtre à carreaux rapiécés de papier, de la mâsure habitée par une famille ouvrière, sont taxées d'impôt, tandis que les portes et fenêtres des belles écuries du baron en sont exemptes, et que, si à la place de ses chiens, il logeait une famille (cela n'arrivera pas), le contrôleur compterait immédiatement les ouvertures pour les coter aussi haut que la porte-cochère sculptée du château;

Vous savez que les amendes pour contraventions aux réglemens publics sont les mêmes pour le manœuvre qui gagne six francs par semaine que pour le riche qui palpe six francs de rentes à l'heure;

Vous savez que dans les villes, on a trouvé moyen

de faire payer et surpayer l'impôt au pauvre qui n'a ni lit ni vêtement : on taxe les objets de consommation à l'octroi (sauf à excepter le gibier, le poisson et la volaille, comme à Bar-sur-Ornain), et le malheureux ne peut, sans avoir payé, manger, boire ni posséder une botte de paille pour se coucher. Les populations qui habitent les rues mal saines et détournées, dont les haillons feraient honte à la cité, sur la place, ont ainsi la satisfaction de payer les salles de spectacles, les hôtels-de-ville où l'aristocratie va danser, l'éclairage des grandes rues, les belles fontaines et les autres monumens publics qui décorent les quartiers de l'opulence ;

Vous savez, enfin, que pour travailler, le père de famille paie une patente, tandis que le rentier est exempt d'impôt.

Cela vous prouve suffisamment que les contributions sont mal réparties, et que les travailleurs de la terre et ceux de l'industrie paient pour le rentier.

Voici donc ce que proposent les républicains rouges que vous regardez comme vos ennemis :

Evaluer le revenu de chaque famille tant en bien fonds qu'en argent prêté et en bénéfice industriel ou commercial ; ne rien faire payer pour les trois premiers cents francs de revenus ; très peu de trois cents à cinq cents francs ; faiblement de cinq cents à mille francs ; plus sensiblement de mille à quinze cents francs ; plus fort encore de quinze cents à deux mille francs, ainsi de suite, en augmentant toujours de manière à atteindre fortement les fortunes colossales, sans toutefois absorber la totalité du revenu.

Üne progréssion analogue frapperait le capital dans le cas de succession, et serait de plus en plus élevé pour les degrés de parenté éloignés.

Les amendes pour contraventions aux réglemens publics seraient également plus élevées pour le riche que pour le pauvre, dans le rapport de la contribution.

Voilà, en peu de mots, ce qu'on nomme *impôt progressif.*

De cette manière, il n'y aurait plus de droits indirects, plus de portes et fenêtres, patentes ni mobilières ; les vins circuleraient librement ; on les consommerait en France sans chercher des débouchés à coups de canons pour l'exporter ; le sucre ne coûterait que cinq à six sous la livre ; on sèmerait le tabac comme le colza, etc. etc. Les petits propriétaires, tels que vous et mes oncles, seraient presque entièrement déchargés d'impôt en même temps que l'abolition de la régie faciliterait la vente de vos vins.

Il est d'ailleurs facile d'établir le revenu de chaque famille. La journée des ouvriers est estimée, en moyenne, chaque année par le Conseil général à l'occasion de la prestation ; le bénéfice probable des industriels et des commerçans est évalué par les répartiteurs pour la patente, et on peut prescrire, souspeine de nullité, l'enregistrement gratis ou à peu près de tous les engagemens en argent. Le revenu du contribuable eût donc été déterminé avec les élémens dont on dispose actuellement.

Comprenez-vous maintenant pourquoi le baron était si content d'apprendre que l'impôt progressif est rejeté ?

Vous disiez tout-à-l'heure que chacun est dans la gêne, qu'on a beau suer et se priver, on sent tous les jours que son petit avoir s'en va. La raison en est simple : à lui seul, et sans rien produire, le baron s'enrichit de cent mille francs chaque année ; il refoule donc chaque année cinquante à soixante familles dans l'indigence. Et, en admettant que chaque famille peu aisée puisse lutter, en moyenne, pendant quinze à vingt ans, avant sa ruine complète, on arrive au nombre de huit à douze cents familles qui éprouvent une étreinte de plus en plus forte, une gêne irrésistible par la puissance attractive de la fortune du baron. En vain, pour retenir son patrimoine et pour payer ses dettes, on s'aigrit, on vole une roie de terre, on marie sa fille au plus offrant, on spécule sur tout. On ressemble à des naufragés qui font leurs efforts des pieds et des mains pour monter les uns sur les autres au fur et à mesure que le vaisseau s'enfonce : les plus forts gagnent quelques instans, mais, à la fin, le gouffre les les engloutit. Et plus le baron a dépouillé de familles, plus il est puissant pour dépouiller les autres; en sorte qu'à la fin toutes y passeraient. C'est cette monstruosité sociale qui a fait dire à certains penseurs que la propriété, c'est le vol.

Si, au lieu de s'enrichir, le baron dépensait son revenu, il ne déposséderait pas l'ensemble des autres propriétaires, mais alors il absorberait à lui seul le nécessaire de deux cents familles, ce qui ne serait guère plus charitable.

L'impôt progressif, juste et équitable en lui-même aurait donc pour résultat de combattre l'envahissement des grandes fortunes, en faveur de l'immense majorité des petits propriétaires.

La *banque hypothécaire* ou *crédit foncier* était un moyen de dégager les petits propriétaires des serres de l'usure, mais on s'est bien gardé de l'accorder, malgré les instances des vrais républicains.

Voici en quoi elle consiste : vous voulez emprunter mille francs à l'état. On estime vos immeubles et on établit votre situation, suivant des formes prescrites. L'état prend inscription hypothécaire sur vos biens d'une valeur plus forte que celle qu'il prête, et crée en contre de cette inscription, des billets ayant cours légal comme ceux de la banque dite de France. Le taux de la rente serait fixé à trois et demi pour cent. L'emprunteur rembourserait par vingtième ou par trentième ; il s'acquitterait ainsi à la longue, et les billets rentreraient à l'état.

On comprend que ces billets ont une valeur incontestable, sans compter la garantie de l'état. Aujourd'hui, d'après le système actuel d'hypothèques, il peut arriver qu'un créancier perde, mais l'état n'émettrait le billet qu'en contre d'une valeur absolue, territoriale et sans engagement antérieur.

Des représentans ont repoussé cette banque sous prétexte, disent-ils, que les ignares villageois, ne comprenant rien à l'hypothèque, la confondraient avec les anciens assignats, et qu'ils se révolteraient ; mais le vrai motif, c'est de s'enrichir avec leur argent, tout en dégoûtant le peuple de la république.

En 1847, le sol était hypothéqué pour le quart de sa valeur. En suite de l'abaissement du prix des terrains en 1848, et de l'augmentation des créances, les biens appartiennent, pour moitié environ, aux prêteurs, et si la situation se continue, ils envahiront tout. Avec le crédit foncier, le prix des biens remonterait immédiatement, les créanciers rentreraient dans des conditions raisonnables, le travail reprendrait son activité, en même temps que l'état se créérait un revenu important.

Vous craignez, dites-vous, le nouveau jury. Vous devriez, au contraire, lui accorder votre confiance. Autrefois, il fallait, sauf quelques exceptions, payer deux cents francs d'impôt direct pour siéger aux assises. Les mêmes hommes nommaient seuls les représentans, en sorte que la caste riche seule faisait la loi et seule l'appliquait. Ceux qui travaillent pour vivre n'étaient considérés que comme des parias qu'on pouvait traiter et condamner en esclaves. Aujourd'hui, au contraire, le jury se compose de toutes les classes, l'accusé est jugé par ses égaux et a, par conséquent, toutes les garanties désirables. En supposant, par exemple, que dans sa colère, Marchal eut éventré le jeune baron, pensez-vous que le jugement ait été le même, soit que le jury se compose de douze barons ou de douze ouvriers ?

Si l'impôt du sang, le service militaire est juste pour tous, c'est sans doute surtout pour le riche qui possède le sol et jusqu'à un certain point les hommes. Les républicains avaient donc proposé la réduction du congé à trois ans et l'abolition du remplacement militaire qui constitue un commerce de chair humaine, et qui envoya le fils de la veuve Marchal, le frère de Justine, se battre à la place du suborneur de sa sœur, de l'assassin de sa mère, à la place de son plus cruel ennemi. Et les représentants en majorité ont maintenu le remplacement. « Quoi! » s'est écrié l'un d'eux, « un fils de famille brosserait un cheval et mangerait la ratatouille à la gamelle, dans une caserne ! Quoi ! vous ne voyez pas vos épouses, vous n'entendez pas ces dames éplorées qui attendent votre décision ? » Apparemment, ces messieurs supposent que les femmes du peuple sont faites pour pleurer.

Les républicains, vous dit-on, sont des hommes de sang. Ils viennent cependant de demander l'abolition de la peine de mort, et ce sont vos Pharisiens qui, en majorité, ont voté pour la conservation de la guillotine ! Ce sont eux qui ont abrogé le décret qui demandait un pour cent aux rentiers sur les créances hypothécaires, et en même temps, ils maintenaient l'impôt des 45 centimes qui frappe plus le pauvre que le riche !

Les égoïstes partisans de la royauté, comptant sur l'ignorance des populations isolées des campagnes, soudoient des écrivains méprisables pour les menacer d'un partage aussi impossible qu'absurde, et ils trouvent des gens qui les croient ! Et à l'aide de leurs propres journaux qui les prônent, ils se font nommer représentans et se trouvent chargés, eux, hommes de priviléges, de détruire le privilége et de donner des lois fraternelles !

Il n'en fallait pas tant pour démontrer à la famille Henry qu'elle était dupe du baron. Le pauvre père, indigné, s'en prenait, tantôt au baron, tantôt à Emile qui aurait dû venir plus tôt l'instruire, tantôt à lui-même. Mais l'essentiel, il était désabusé.

Droit divin. — Royauté.

Mlle HENRY. Tu vois, Emile, notre ignorance en politique. N'ayant qu'une soirée à nous donner, tu devrais expliquer seulement ce qu'il est indispensable de savoir pour lire et comprendre les journaux. Par exemple, en quoi consiste une *royauté*, une *république* ?

EMILE. Charles X, comme ses devanciers, se disait *roi de France par la grâce de Dieu*, ce qui signifie tout simplement, qu'au nom de Dieu, il possédait le sol et les hommes, et qu'il pouvait gouverner suivant son bon plaisir. Le citoyen Henry Capet, héritier de Charles X, se prétend propriétaire de la France avec ses trente-cinq millions d'habitans, son oncle n'en ayant disposé par testament en faveur de personne. Il attend que les Français, rentrant dans le devoir, le rappellent au trône de ses aïeux. Le prétendu droit de cette famille sur la France se nomme *droit divin* ; il est soutenu par les *légitimistes*.

Louis-Philippe se disait roi des Français (pas roi de France), parce qu'il avait été agréé par le peuple, en dépit du droit divin. Il n'avait pas la prétention de posséder la France comme héritage, mais il devait régner conformément à la *charte*, pacte dressé au nom du peuple et accepté par *sa majesté*.

Cette charte consacrait les prérogatives de la royauté, reconnaissait une chambre des *pairs* à la nomination du roi, et une chambre de *députés* choisie par le *peuple légal*, c'est-à-dire par ceux que sa majesté trouvait assez riches. Ces trois pouvoirs formaient un gouvernement *constitutionnel*.

Le trône était le sommet d'une pyramide de priviléges et de distinctions. Au bas, sur le sol, dans la boue, se trouvaient, comme des reptiles, le prolétaire ou paria, le laboureur, le vigneron, et généralement tous ceux qui travaillent des mains ;

Au premier degré était placée la bourgeoisie besogneuse qui ne rougit pas de spéculer et de ruiner, si elle le peut, le paysan par l'usure ;

Au deuxième degré venait la crême de la bourgeoisie, les riches parvenus et la noblesse ruinée ;

Au-dessus se trouvait l'aristocratie d'argent qui approchait déjà des grands de l'état ;

Enfin, autour du sommet, voltigeaient les descendans des maisons illustres, quelques-uns, hommes de cœur, auxquels se mélaient les roués de tous les régimes, parvenus par l'intelligence ou la bassesse.

Toutes ces puissances distribuaient les faveurs des excellences, des altesses, des éminences, des majestés, etc. et les emplois de toutes sortes aux hommes corrupteurs qui se chargeaient de travailler les élections et de soutenir le gouvernement dans les journaux.

Depuis 1830, la contribution directe était le signe *réel*, *légal* de la capacité.

Ainsi, pour qui possédait très-peu, les droits se réduisaient à payer l'impôt sous toutes les formes et à mourir ignoré sur le champ de bataille ; ceux-là n'avaient de relations avec l'état que par le percepteur et le conseil de recrutement.

M. HENRY. Scélérat de baron !

EMILE. Les menus bourgeois élisaient les municipalités ;

Les bourgeois à capacité de 200 fr. d'impôt direct (cela s'appelait réellement capacité), étaient de droit jurés aux assises; ils choisissaient les députés du *peuple*, mais ils n'avaient pas assez de *capacité* pour être élus ;

Les bons bourgeois, à *capacité* de 500 fr. d'impôt étaient éligibles ;

Les gros riches à *capacité* de 3,000 fr. d'impôt pouvaient, sans savoir lire, être pairs de France à vie.

Telles sont les catégories que la révolution de février a passées sous le niveau de l'égalité républicaine.

M. HENRY. Que j'étais donc bête !

EMILE. On comprend qu'avec un tel système, la loi ne devait laisser aux classes inférieures que ce qu'il fallait pour ne pas mourir de faim.

Mlle HENRY. Louis-Philippe était bien égoïste ou bien aveugle pour soutenir des priviléges aussi odieux.

EMILE. Avec le suffrage universel, la royauté est impossible en réalité, car si le peuple est souverain, le roi ne peut pas l'être. Louis-Philippe était donc très-conséquent en privant le peuple du droit électoral.

Mlle HENRY. Comment ne s'est-on pas révolté plus tôt ?

EMILE. Tu vois bien, au contraire, que les populations ne sont pas encore assez éclairées pour comprendre leurs intérêts. Si des représentans soutiennent les laboureurs et les ouvriers, les gazettes royalistes les présentent comme des communistes, des buveurs de sang, et les villageois le croient, et ils nomment les anciens privilégiés pour abolir les priviléges. Et ceux-ci, arrivés à la chambre, disent que les paysans se trouvent bien, et la preuve, c'est qu'ils ne réélisent pas les républicains. Alors on repousse les mesures favorables au peuple, et le peuple, souffrant plus que jamais, regrette le *bon temps des altesses et des majestés*. Et bientôt ses représentans osent parler des vices du système électoral, et de restreindre le cercle des élections.

M. HENRY. Brigand de baron ! Quelle infamie. J'avais tant de confiance en lui !

République.

EMILE. *La République* est le gouvernement où les chefs de l'état sont éligibles. La république est *démocratique* ou *rouge*, si le suffrage est universel et direct, et si les lois fondamentales sont essentiellement populaires.

Si, par exemple, il fallait une certaine condition de fortune pour être élu représentant, ou si le suffrage, quoique universel, était fractionné dans son application de manière à donner prise à l'esprit de coterie, aux influences d'argent, la république serait *aristocratique*. Telle est la chambre des communes en Angleterre.

Pendant quelque temps, la république aristocratique s'est dite *honnête* et *modérée*, sans doute pour mieux exprimer qu'à ses yeux, les gens qui ne paient pas 200 fr. d'impôt ne sont que des ouvriers, des hommes de rien, qui doivent se taire et obéir, mais cette désignation ridicule est usée.

Le suffrage est dit à *deux degrés*, quand le public nomme des délégués chargés de choisir entre eux les législateurs. Il fut ainsi pratiqué sous la grande révolution de 89.

La république française est démocratique dans son principe et elle le sera en fait aussitôt que les populations sauront choisir leurs représentans parmi le peuple. Quand vous ne verrez plus de pauvres, quand l'impôt pèsera exclusivement sur la richesse; quand les instituteurs du peuple seront payés par l'état comme les prêtres ; quand, pour vivre, le pasteur des âmes ne sera plus contraint de tendre la main pour le prix de ses services, et de soutenir, par des prières tarifées, l'orgueil du riche pendant sa vie et jusqu'au de-là de la mort ; quand le gouvernement ne craindra plus la presse et qu'il encouragera les réunions politiques ; quand les ouvriers les moins aisés liront chaque jour leurs journaux ; quand chaque commune possèdera des bains publics où tous pourront chercher le repos et la santé ; quand, dans les villes, les ouvriers et les magistrats seront confondus dans les salles de spectacles ; alors, la république sera *démocratique*; jusque-là, elle est une royauté déguisée.

M. HENRY. Qu'il y revienne le baron pour être conseiller général ! .

EMILE. Le gouvernement républicain est le seul naturel et digne de l'homme. L'histoire nous présente les peuples grec et romain s'immortalisant en république, et tombant dans l'avilissement aussitôt qu'un tyran s'était arrogé le droit de gouverner. L'histoire des rois est l'histoire des empoisonnemens, des assassinats et de tous les grands crimes ; l'histoire des républiques est remplie de faits héroïques et d'actes de dévoûment qui font la gloire de l'humanité.

Droit au Travail. — Instruction gratuite.

Mlle HENRY. Que signifie le *droit au travail* dont on a tant parlé lors du vote de la constitution ?

EMILE. Si un individu quelconque vient dire à la société : les hommes se sont partagé la terre et ses produits, ils ne m'ont rien laissé. Ils ne permettent pas que je chasse dans les bois les bêtes que personne ne nourrit, ils ont vendu à bail le poisson qui peut naître dans la rivière ; je ne trouve pas d'ouvrage et pourtant j'ai faim. Je vous offre mes bras, toutes mes facultés, mais pour Dieu, secourez-moi ; si, dis-je, un citoyen tient ce langage aujourd'hui, la police lui répond : c'est votre affaire. En vertu du droit au travail, on lui répondrait : *allez là, vous ferez ce qui sera ordonné et vous aurez le salaire qui vous est nécessaire.*

Mlle HENRY. Comment a-t-on pu repousser une chose si juste ? cela aurait évité beaucoup de malheurs. Le vol, le suicide n'auraient plus été excusables en aucun cas.

EMILE. Parce que c'était créer en faveur des pauvres une dépense qui devait nécessairement retomber sur les riches.

M. HENRY. Dans mon temps on ne parlait pas de droit au travail, tout chacun trouvait de l'ouvrage plus qu'il n'en pouvait faire. Les maîtres étaient bien heureux de caresser les bons ouvriers pour se les attacher. Maintenant, c'est le contraire, tout le monde cherche à s'occuper, à gagner et c'est quasi faire une grâce, une charité à un ouvrier que de l'occuper, même au plus bas prix. Il serait impossible aujourd'hui à un manœuvre de nourrir quatre enfans ; dans mon temps on élevait de plus grosses familles. Les ouvriers sont de plus en plus pauvres. On a beau inventer des chemins de fer et mille autres choses, on n'en est que plus malheureux.

Mme HENRY. C'est sans doute parce qu'on est trop de monde sur la terre.

EMILE. On pourrait être bien davantage et avoir moins de peine. Les caves, les écuries, les greniers, les magasins des commerçans, tout est rempli. Si les ouvriers jeûnent et vont nuds, c'est que les rentiers, les hommes d'argent tiennent tout. Plus ils sont riches, plus l'ouvrier est pauvre. Les pays où il y a le plus d'archi-millionnaires, sont remplis de mendians, de vagabonds, de maisons de débauche et de gendarmes. Au contraire, dans les pays où la fortune est très divisée, où nul n'a au-delà du besoin, la misère est inconnue. La grande révolution avait beaucoup divisé les biens, mais depuis cette époque et aujourd'hui surtout, la fortune se concentre dans les mains d'un petit nombre et la classe laborieuse descend de plus en plus dans la misère, seul et vrai esclavage. Cela tient surtout au progrès de l'industrie. Au moyen des machines, un feu fait filer des centaines de bobines et remplace des milliers d'ouvriers. Avec le batteur, les chevaux tiennent lieu, à temps perdu, des manœuvres qui gagnaient leur vie l'hiver avec leurs fléaux. Le fermier voyant cette économie, loue la ferme plus chère, et le propriétaire rentier profite seul de la machine. Toutes les inventions deviennent en définitive une calamité pour les petits et une cause de richesse, un moyen d'exploitation pour les grands. Aux yeux de l'homme d'argent, l'ouvrier n'est plus qu'une machine en concurrence avec l'air, le vent, l'eau et le feu. Et moins il y a d'ouvrage, plus l'ouvrier en recherche et plus le salaire baisse. Et plus le salaire est bas, plus il faut travailler pour vivre, et plus alors est cruelle la concurrence. Pour l'esclave antique, le travail était la peine, le pain et le logement étant toujours assurés ; pour l'ouvrier, le travail n'est rien, c'est l'inquiétude qui le tourmente. Il faut que chaque matin il trouve un maître pour la journée. Si l'on découvrait un aliment moins salubre, mais moins cher que la pomme de terre, dût-il empoisonner un dixième de la population, que la force des choses le mettrait immédiatement en consommation.

Jusqu'à ce que, par des lois nouvelles, la société puisse faire participer l'ouvrier à l'avantage des machines, il est nécessaire de mettre une limite à sa misère, et le moyen, c'est *le droit au travail.*

Mlle HENRY. D'après ce que tu viens de nous expliquer, je comprends que, si autrefois, on n'avait pas besoin du droit au travail, c'est parce que le manque d'industrie et de machines laissait le travail aux ouvriers. Mais il est une autre question sur laquelle nous ne serons peut-être pas d'accord : beaucoup de gens veulent *l'instruction gratuite pour tous*; est-ce qu'il n'est pas raisonnable de faire payer le riche ?

EMILE. Les frais d'entretien des bâtimens affectés aux écoles et le traitement des professeurs sont prélevés sur les contribuables. Cependant, il n'y a qu'un petit nombre de familles qui, par leurs fortunes, puissent envoyer leurs enfans dans les écoles supérieures. Il n'est pas rare que chaque élève d'un collége coûte deux à trois cents francs par an à la ville, quand le fils de l'ouvrier, qui fréquente l'école primaire, ne lui dépense pas douze francs. La fréquentation des colléges et des écoles supérieures constitue donc un privilége aussi inique que celui qui restreignait autrefois le droit de voter et de siéger aux assises à la condition de payer deux cents francs d'impôt. Pour être juste, la société doit donc rendre les écoles supérieures gratuites, et choisir, dans les écoles primaires des campagnes et des villes, les cœurs et les intelligences d'élite, pour les entretenir à la charge publique, dans les écoles supérieures.

Ceux qui repoussent l'impôt progressif disent : *il n'est pas juste que le contribuable pauvre paie pour le riche ; qu'on place aux écoles un certain nombre d'élèves par charité et nos enfans paieront.* Ainsi, pour le seul plaisir d'humilier le fils de l'homme des champs et de l'ouvrier des villes devant l'héritier de leurs noms et de leurs fortunes, les royalistes préfèrent faire parvenir leur argent à l'école souvent fort éloignée, que de le remettre en contribution progressive au percepteur de leur village. Mais à part ce qu'a d'ignoble un tel égoïsme, quel est le laboureur qui, ayant une maison et un jardin, voudrait sentir son fils à l'école par charité ?

M. HENRY. J'aurais préféré te faire berger.

EMILE. Il est aussi une contribution à laquelle beaucoup de royalistes se résigneraient pour échapper à l'impôt progressif sur le revenu : c'est celui sur le luxe. Avant qu'on songe à la progression dans l'impôt, les populations, ne voyant aucun moyen direct d'atteindre convenablement le superflu du riche, avaient imaginé de faire payer les chiens, les chevaux de luxe, etc., ou, comme en Angleterre, les portes-cochères, les boutons au-delà d'un certain nombre, les perruques, etc. Mais cela constituerait l'aristocratie la plus intolérable. L'homme porterait sur lui l'expression de sa fortune. On verrait, dans les hivers, des domestiques en livrées promener des meutes de chiens dans les rues, pour afficher la magnificence de leurs maîtres quand des familles seraient sans feu, sans pain et sans logemens. Tous les jours cela se voit en Angleterre où l'impôt sur le luxe est établi depuis longtemps. Il est bien plus simple d'atteindre suffisamment le revenu superflu par l'impôt progressif et de laisser ensuite chacun libre de s'administrer comme il l'entend.

Les impôts indirects ne sont d'ailleurs que des moyens détournés de faire payer à la classe labo-

rieuse et à son insu la presque totalité des impôtst
Peu de personnes se figurent ce qu'elles paient chaque jour en contributions indirectes. Sur 250 fr.
que paie chaque famille en moyenne, l'impôt foncier
entre pour 40 fr., la personnelle et la mobilière,
les portes et fenêtres et les patentes produisent 25 f.,
et les impôts indirects de toutes natures forment
185 fr.

M. HENRY. Pour c lle-là, Emile, elle est trop
forte. Tu dois te mettre dedans. Comment ! la contribution payée au percepteur ne ferait que le tiers
des impôts indirects ? A ton compte, les riches ne
paieraient guère plus que les pauvres.

EMILE. C'est aussi ce qui se passe. Souvent même
c'est le pauvre qui paie le plus. Le vin, acheté à la
bouteille, est plus taxé que celui consommé en fût.
L'ancien militaire qui a contracté à la caserne l'habi-
tude de la pipe, consomme plus de tabac que MM.
des salons avec leurs tabatières d'or. La correspon-
dance entre le riche et le pauvre est presque toujours payée par Jacquesbonhomme, comme vous
dites quelquefois. Et comment en aurait-il été au-
trement quand la richesse seule pouvait arriver à la
chambre ?

Mais à part la mauvaise répartition des contributions, l'impôt indirect est brutal, absurde, en ce
sens qu'il gêne la production et qu'il anéantit des
valeurs. Par exemple, vous savez que la betterave
est remplie de sucre et qu'il est très-facile de l'ex-
traire. La loi sur l'impôt empêche cette extraction.
La femme du cultivateur est ainsi condamnée à se
passer de sucre et à voir sa vache en consommer en

betteraves dix fois ce qu'il en faudrait pour l'usage de la famille ! et cela pour payer l'impôt dû par le riche.

Socialisme.

Mlle HENRY. Tu ne nous as pas encore dit ce qu'on entend par république démocratique et *sociale*. Ce mot doit signifier quelque chose, car il donne le vertige au baron et le *Constitutionnel* n'en parle qu'avec fureur.

M. HENRY. Si l'on parle de ce traître, je m'en vas.

EMILE. Sous toutes les formes de gouvernement, monarchie ou république, la société actuelle repose sur *l'individualisme*. Chaque individu est opposé par l'intérêt à tout ce qui l'entoure. Les industriels, les commerçans, se font une éternelle concurrence; le détenteur de vin prie Dieu de faire geler la vigne ; le meunier agioteur spécule sur la faim pour s'arrondir une belle fortune ; le frère gagne à la mort de sa sœur; des fils désirent la fin de leur mère et se disputent au partage du matrimoine, à côté de son corps non encore refroidi ; des neveux, perdant patience devant la santé de l'oncle, l'empoisonnent pour jouir plus tôt de l'héritage ; le mari s'enrichit souvent de la mort de sa compagne, et on répète tous les jours sans indignation, ce féroce proverbe : *mort de femmes, vie de chevaux tirent l'homme haut.* (1)

---

(1) Proverbe extrêmement populaire.

Cet antagonisme de tous les intérêts s'oppose sans cesse à l'esprit d'amour et de fraternité qui doit régner entre les hommes. C'est à lui qu'on doit attribuer la presque totalité des crimes.

Les penchans les plus purs aux yeux de la nature, deviennent des vices dans notre organisation sociale actuelle. Ainsi, l'homme généreux et confiant est partout dupé ; il se rend malheureux, tandis que les êtres dépravés, sans entrailles, font fortune, et ont à leurs ordres, comme esclaves, les types de probité. C'est notre mauvaise organisation sociale qui prive du nécessaire ceux qui créent, qui produisent la richesse. Le vigneron ne boit que le vin malade, le laboureur mange le *hauton* et souvent l'orge : à lui le chant du coq pour l'appeler au travail dès l'aurore, mais la chair succulente de la volaille est destinée au palais du capitaliste inutile. Souvent même celui qui arrose la terre de ses sueurs n'a pas la satisfaction d'en être propriétaire; elle appartient à son *maître*, à celui qui, peut-être, le traînera devant les juges pour arracher le loyer de sa ferme.

Indépendamment de l'antagonisme organisé entre les hommes, il est une autre cause de misères également très puissante, c'est le désordre, la confusion qui règne dans les travaux et qui anéantit la *majeure partie* des peines que se donne l'humanité pour satisfaire ses besoins.

A part la culture du cœur et de l'esprit par l'enseignement, il n'y a de réellement utiles que les travaux qui produisent la nourriture, les vêtemens et les habitations. Or, en examinant de près ce qui se passe, on est surpris de ne trouver qu'un *petit nombre d'hommes dont les travaux soient réellement productifs.*

Par exemple, qu'ai-je vu aujourd'hui le long des quatre lieues de route que j'ai parcourues :

Des femmes allant à la ville par centaines, chargées d'écuelles, casseroles, cruches, paniers, hottes, etc.; portant lait, crême, beurre, œufs, volaille, carottes, pommes de terre, etc., tandis que quelques voitures faites exprès transporteraient le tout sans encombre ; il y a donc à peine, entre elles, une personne sur cent, dont les fatigues soient réellement utiles;

Quelques hommes et même des femmes écrasant sous des fagots qui ont coûté des courses et des reproches aux gardes, et la journée aux délinquans. Et si la société, les amis de l'ordre, font respecter la loi, l'homme en guenille, l'ennemi public verra, pour son fagot, les magistrats s'assembler en leur palais de justice ; un avocat exercer son éloquence contre une condamnation inévitable ; un huissier lui signifier le jugement, à son domicile, habita-t-il à dix lieues de là, etc ; les gendarmes à sa poursuite, le guetter autour des bois, dans les carrières abandonnées, et, à la fin, le surprendre et le conduire à la prison où il prendra un mois de repos forcé comme le chien à l'attache, absorbant la contribution de dix familles, pour être lui-même inutile, pendant que, pour soutenir la femme et les enfants, sa jeune fille se livrera à la honte;

Mlle HENRY. C'est pourtant vrai ! Il en coûterait bien moins au gouvernement pour donner de l'ouvrage au pauvre que de le forcer à faire des dégâts qui font tant de mal. Le droit au travail serait une vraie économie.

EMILE. J'ai vu, en traversant la ville, de nombreux magasins occupant la plus belle partie des maisons avec des étalages qui crèvent les yeux aux passans. L'homme nu voit les vêtemens qui lui manquent ; le petit enfant affamé montre à sa mère en pleurant la brioche qui le comblerait de joie. Tous ces marchands qui bravent la pauvreté, sont pourtant dans la société comme la mousse sur l'écorce d'un arbre ; ils vivent de sa sève sans rien rendre. Après avoir passé par l'intermédiaire de 4 ou 5 d'entre eux, le même objet qui n'a pu que perdre de sa valeur est quelquefois doublé et même triplé de prix, de sorte que l'ouvrier producteur livre à bon marché, tandis que l'ouvrier consommateur paie cher. Il est évident qu'un seul bazar tenu par le canton pour les objets de prix et un par la commune pour les objets de consommation journalière pourraient remplacer tous les marchands qui, d'ailleurs, ne peuvent faire fortune que par le mensonge et le vol. Ils sont donc réellement inutiles, eux, leurs commis, leurs boutiques, leurs comptoirs, leur comptabilité en partie double, brouillard, compte ouvert, carnet d'échéance, livre de caisse, etc., etc.

J'ai rencontré François Mangin qui allait pour la troisième fois au bureau de l'enregistrement. Après la mort de sa mère, le receveur lui avait écrit, le facteur lui avait porté chez lui une lettre pour lui demander les droits de succession, François va à la ville et déclare que sa mère n'a laissé à ses enfans que ses vêtemens et une paire de sabots. Il faut une déclaration écrite. Mangin revient, trouve l'instituteur qui rédige la pièce, la porte au maire pour la certifier, et retourne chez l'agent du fisc. Le receveur dresse l'acte, en fait mention sur plusieurs livres, et règle à *trente centimes* le montant des droits. Mais au moment d'en finir, Mangin apprend qu'il faut signer sur le livre. Comme il n'a jamais tenu plume, il retourne au village chercher un autre *héritier*, qui vient remplir la dernière formalité. Ainsi, pour six sous qu'a reçus l'état, le receveur a écrit des pages, et les Mangin ont fait 24 lieues et perdu quatre jours de travail. Il est évident que ces démarches sont réellement perdues pour tout le monde, et qu'elles ne sont pas moins inutiles, quand les droits de l'état sont plus élevés.

A la pointe du jour, Grosjean était à la porte de la ville ayant sous le bras une serviette qui affectait la forme d'un lièvre et laissait passer la queue d'une belle anguille. Il se cachait comme un malfaiteur. J'ai supposé qu'il voulait faire un cadeau.

Mlle HENRY. C'est aujourd'hui que le procès du poirier doit passer. Son frère a fait dire un messe du Saint-Esprit et sa belle-sœur a communié à l'intention. Elle a fait vœu de donner un cierge de trois quarts et une robe de soie à la bonne vierge de Bon Secours, si Grosjean est condamné. Tout le village est dans l'attente pour savoir ce qui l'emportera des lièvres ou des prières, des anguilles ou des cierges.

EMILE. On trouvera que tous les moyens ont été bons. Le poirier restera poirier, et les frères Grosjean partageront les frais.

Tu vois, ma bonne sœur, que non-seulement leurs voyages sont improductifs, mais que ces malheureux se tourmentent l'un l'autre.

Je n'en finirais pas si je voulais énumérer toutes les classes d'individus inutilement occupés : des malheureux faisant métier de tromper la régie en transportant de l'eau-de-vie la nuit, à travers les bois ; des gendarmes chargés de poursuivre des criminels qu'on pouvait empêcher de mal faire ; un régiment de cavalerie consommant la contribution de vingt villages, montrant des chevaux inutiles à ceux qui marchent exténués de fatigue, et privant de leur liberté douze cents jeunes gens qui aideraient leurs familles ; des arpenteurs ne cessant de jalonner et mesurer la terre ; des batteurs en grange qui, tous ensemble, ne font pas l'ouvrage que débiterait une machine hydraulique ou à vent ; un grand nombre d'entrepreneurs réunis à la sous-préfecture pour concourir à une seule entreprise ; des débiteurs voyageant pour obtenir des sursis ; etc., etc., etc. Parmi les milliers d'individus que j'ai vus aujourd'hui s'agiter en tous sens, il n'y a que les cantonniers sur la route dont les peines soient réellement productives, et ce sont précisément les hommes les moins rétribués et le plus surveillés.

Dans ces dernières années, des penseurs humains ont recherché les bases d'une nouvelle société dans laquelle l'harmonie, l'ordre, remplacerait la confusion dans les travaux, et qui reposerait sur la solidarité au lieu de s'appuyer sur l'antagonisme. Cette science nouvelle, qui est tout en germe dans l'évangile, se nomme *socialisme*.

On comprend que des recherches aussi vastes, aient conduit aux projets les plus variés, les plus opposés, et quelquefois même les plus extravagans. Chaque penseur a, pour ainsi dire, son système à lui, mais tous sont d'accord sur certains principes.

Ainsi, tous veulent :

La plus grande liberté individuelle possible ;

L'extinction de la mendicité et même de la misère ;

L'éducation complète de tous, sans distinction de fortune ;

La plus grande facilité dans le choix d'un état et du domicile ;

La plus entière liberté de voyager ;

Le respect de la famille et la protection à l'enfance et à la femme.

Tous les socialistes sont également d'accord sur ce principe que *nul n'a droit au superflu quand quelqu'un manque du nécessaire.*

M. HENRY. Pas sans cause que le Judas me faisait si peur des socialistes !

Mlle HENRY. En ce cas, tous les honnêtes gens sont socialistes sans le savoir ?

EMILE. Précisément, mais il faut distinguer les *démocrates socialistes* des *socialistes* purs. Les premiers respectent et maintiennent les bases actuelles de la société, tout en acceptant du socialisme ce qui est immédiatement praticable et évidemment bon. Ainsi, celui qui assure sa maison contre l'incendie, son fils contre le tirage au sort, ses récoltes contre la grêle, ses bêtes contre l'épizootie, celui-là fait un acte de démocrate socialiste. Il en est de même de ceux qui forment des caisses de secours en faveur des malades et des vieillards, ou toute autre institution fraternelle, telles que hospices, asiles d'aliénés, crèches, salles d'asile, chauffoirs publics, ouvroirs, etc., etc.

C'est aux démocrates socialistes qu'il faut attribuer les grandes mesures agitées depuis peu, telles que le crédit foncier, l'impôt progressif sur le revenu, l'organisation du travail, l'association des ouvriers, soit entre eux, soit avec les patrons ou les propriétaires, et généralement tout ce qui peut contribuer puissamment au soulagement des classes souffrantes.

Les socialistes purs prennent la politique en pitié. Ils s'adressent aux hommes politiques et leur disent : « Que prétendez-vous faire, quels sont vos
» projets ? chaque année vous multipliez les gen-
» darmes, les tribunaux sont encombrés, les pri-
» sons regorgent, la débauche est générale, le crime
» est à la mode, la morale n'est plus qu'une déri-
» sion. Le peuple a le suffrage universel, et il
» meurt de misère. Vous faut-il un roi légitime ?
» vous en avez eu de ces rois, et les maux étaient
» si grands sous leur règne, que dans votre colère,
» vous avez jeté une tête couronnée au bourreau.
» Est-ce un roi bourgeois que vous désirez ? mais
» Louis-Philippe était roi bourgeois, et son règne
» fut le règne de la corruption. Enfin, un empe-
» reur est-il dans votre programme ? mais l'em-
» pire prenait vos fils à l'âge de 18 ans pour en faire
» de la chair à canon, l'empire a ameuté l'Europe
» contre nous et amené les Cosaques. Vous avez

» aujourd'hui un *président* ou *roi éligible* et vous
» vous retournez pour avoir autre chose ! Vous le
» voyez, vous avez essayé de tous les systèmes, et
» les maux n'ont fait que s'accroître. Et vous ne
» comprenez pas, hommes politiques, que votre
» temps est passé ? »

Tel est le langage que tiennent les socialistes aux hommes politiques, et les hommes politiques ne savent que répondre. Mais ils aiment tant le pouvoir !

Pour étudier les différentes doctrines sociales, on peut les rapporter à deux écoles principales et opposées : le *communisme* qui veut l'égalité absolue, sans partage ni division des biens, et la *phalange* qui consiste dans le perfectionnement de la société, sur ses bases actuelles. Les républicains démocrates socialistes et beaucoup de socialistes purs, restent en dehors de ces écoles, mais nous n'avons pas le temps aujourd'hui d'entrer dans ces détails.

Ecole communiste.

EMILE. Le plus excentrique, le plus merveilleux mais aussi le plus extravagant des systèmes, c'est le *communisme*. Comme il est possible que vous n'en ayez pas la moindre idée, je vais vous en dire un mot : on raconte bien d'autres fables moins curieuses que celle-là.

Les communistes résument leur doctrine en ces termes : *Entre frères, chacun doit travailler suivant ses facultés et vivre suivant ses besoins.*

Delà, pour les communistes, les conséquences suivantes :

Le sol n'est la propriété de personne, mais il reste à la société considérée comme corps indivisible.

Le produit du travail appartient à la société pour être réparti entre ses membres, non en raison de leur concours dans la production, mais suivant leurs besoins. Les sociétaires forment ainsi une seule famille attachée à un patrimoine commun qui est la patrie. C'est l'institution en grand des communautés religieuses.

Mlle HENRY. Les communistes ne veulent donc pas le partage ?

EMILE. Tous les socialistes, *sans exception*, prêchent l'association et repoussent comme absurde l'idée du partage.

Mlle HENRY. On ne pourrait évidemment forcer personne à vivre en commun.

EMILE. Pour entrer dans cette vie de fraternité absolue, il faut y être appelé par ses convictions, et regarder comme certain qu'on y sera plus heureux ou moins malheureux que dans la vie d'individualisme et d'antagonisme que nous endurons. Il est évident qu'on ne saurait contraindre personne à entrer ou à rester dans une communauté pas plus qu'on ne force aujourd'hui une jeune fille qui veut se marier à rester dans un couvent. Aussi, le chef de l'école communiste s'attache-t-il exclusivement à persuader. Depuis quelques années, il rédige un journal tout exprès pour enseigner sa doctrine.

Mlle HENRY. Est-ce un brave homme que le chef communiste ?

EMILE. Très brave homme, et d'une haute condition. Il fut député et procureur général sous la royauté,

Mlle HENRY. Il y avait donc des communistes avant la révolution de février ?

EMILE. Comme aujourd'hui; le communisme ne dépend en rien de la forme du gouvernement, il admet des chefs comme dans les royaumes et dans les républiques. D'ailleurs, il est répandu par toute la terre. En ce moment, on en fait un essai sous le nom d'*Icarie*, dans la république du Texas, en Amérique.

Mlle HENRY. Cette fois, je m'y perds. Comment! l'Amérique que nous croyons à demi sauvage, ne craint pas ce qui nous fait si peur, à nous, peuple civilisé ? Dis-nous donc pourquoi on craint tant le communisme en France ?

EMILE. Parce que les gazettes stipendieés en font un épouvantail aux ignorans; les hommes graves qui l'ont étudié le regardent comme impossible, non qu'il soit mauvais en perspective, mais parce qu'il paraît contraire à la nature humaine. On le considère généralement comme un beau rêve, une folie qui ne peut subir un examen sérieux, et qui s'évanouit devant la raison. Si des journaux en parlent comme d'une chose redoutable, c'est pour jeter l'épouvante dans les campagnes, et en accuser les républicains. Cette manœuvre a si bien réussi que presque tous les journalistes qui l'ont employée, sont parvenus à faire nommer représentans les intrigans qui les soudoyaient pour leurs propres élections. Mais soyez sûrs que les écrivains qui vous menacent de communisme et de partage, n'y croient pas eux-mêmes, et qu'ils se moquent de vous entre eux, dans leurs bureaux de rédaction. De bonne foi, peut-on sup-

poser qu'il y ait au monde des hommes assez ab-
surdes pour prétendre forcer les autres à vivre pêle-
mêle, comme des troupeaux ! Il y a pourtant des
journaux qui vous ont insinué que le communisme
voulait établir ces choses, et il s'est trouvé des êtres
assez crédules pour y croire et pour s'en inquiéter!

M. HENRY. Proudhon, qui dit que la propriété est
un vol, le misérable, serait-il communiste ?

Mme HENRY. Mon Dieu, ne parlez pas de cet homme-
là; la Bichette qui demeure chez M. le baron m'a
dit en secret qu'il va avec le diable. On ne doit pas
en parler sans faire le signe de la croix ou sans prendre de l'eau bénite.

EMILE. Proudhon n'est ni communiste ni phalanstérien.

Il a eu l'audace de soutenir à la chambre *que nul
n'a droit de vivre sans travailler et que le produit
des champs appartient à qui les cultive.* Il trouve
odieux que ceux qui travaillent soient toujours pauvres et que ceux qui ne font rien se gorgent des
meilleurs alimens, aient des domestiques pour les
servir et soient encore les maîtres de ceux qui produisent la richesse à la sueur de leurs fronts. Il ne
peut s'habituer à voir le maçon sans logement, le
tisseur nu, le vigneron à l'eau et le cultivateur
mangeant l'orge. Proudhon ne trouve pas de plus
grands voleurs que les gros rentiers. Il veut par tous
moyens réduire le taux de l'argent, ou même qu'on
s'en passe. Il ne s'est trouvé à la chambre qu'un
seul représentant de son avis. Vous voyez que le baron, Achille et ses maîtresses, peuvent dormir encore longtemps sur les deux oreilles, et boire le
Champagne à la santé de Proudhon.

École phalanstérienne.

Nous venons dire que le communisme rejette la propriété privée et admet l'égalité absolue, de fait, entre les membres de la société. La phalange, au contraire, repose sur la propriété et reconnaît l'inégalité des fortunes, en assurant toutefois le minimum à tous ; elle se résume ainsi : *Association libre et volontaire du capital, du travail et du talent. — Répartition proportionnelle au capital, au travail, au talent.*

Vous voyez que la Phalange est absolument le contraire du Communisne, qu'elle respecte les droits acquis, qu'elle ne comporte aucune loi nouvelle, et qu'elle laisse chacun arbitre de son avoir.

La phalange est si rationnelle dans ses principes, si naturelle dans son application ; elle est enseignée par tant d'hommes éminens par leur savoir, leur probité, leur position sociale et leur dévoûment aux classes souffrantes qu'on ne peut l'étudier sans être plus ou moins phalanstérien. Je crois donc que vous serez contens d'en avoir une idée nette.

Mme HENRY. Mon pauvre Emile, que tu es heureux d'avoir tant d'esprit !

M. HENRY. Ton baron ne lui offrira pas sa gazette, va !

EMILE. Pour plus de clarté dans l'explication, je supposerai un village organisé en phalange, absolument comme si je l'avais vu en plein exercice.

Le village phalanstérien ou le *Phalanstère* est entièrement bâti sur un plan, un projet unique, absolument comme un vaste château que ferait construire un archi-millionnaire pour loger en même sa famille, des laboureurs, des jardiniers, des vignerons, etc. Le bâtiment présente un corps principal, entre deux ailes formant retour d'équerre d'un même côté.

Le rez-de-chaussée, entièrement voûté, est occupé par les services publics, tels que école, boulangerie, abattoir, cuisine, brasserie, bazard, bains, buanderie, ateliers, etc., dépôt de l'attirail de labourage, etc.

Le premier étage comprend les habitations particulières ou corps-de-logis. Les habitations communiquent entre elles par deux galeries : l'une, extérieure, pavée en bitume et défendue par une grille en fer, fait le tour du bâtiment; l'autre, intérieure, de la largeur d'une rue, pavée en carreaux de pierres blanches alternées de marbre noir, couverte en verre, divise le bâtiment dans toute sa longueur. Chaque habitation, grande ou modeste, prend jour et issue sur les deux galeries.

Les greniers sont pratiqués au-dessus des logemens.

A peu de distance en arrière du bâtiment principal, s'en trouve un second, destiné à la remise des récoltes et aux logemens des bêtes. Il comporte un rez-de-chaussée voûté, très-élevé et des greniers au-dessus. Les voûtes s'appuient sur des colonnes et sur les murs latéraux. Ce bâtiment est divisé en compartimens au moyen de murailles qui s'élèvent jusqu'aux voûtes. Les compartimens sont occupés en écuries et rengrangemens, de sorte que toujours une écurie sépare deux rengrangemens. Les dispositions sont telles, que le bétail se trouve à la portée de sa nourriture et que les voitures circulent aisément dans les écuries pour les monder et dans les remises pour y déposer les récoltes.

L'espace compris entre les deux bâtimens est assez large pour le passage d'un ruisseau qui, à l'aide d'une chûte, fait tourner une roue hydraulique. Cette roue bat et vanne les grains, moud le blé, scie le bois, fait tourner les meules, les tours, les mêches, etc., dans les ateliers de charronnage, de serrurerie, de menuiserie, etc., élève les fardeaux, souffle le feu de la forge, de la cuisine ; tourne la baratte remplie de crême jusqu'à ce que le beurre soit formé ; élève l'eau qui va se répandre en pluie dans le jardin ; fait tourner des brosses circulaires qui nettoient et cirent les chaussures, etc., etc.

Dans le grand bâtiment est établi un calorifère. C'est une construction qui permet de chauffer tous les appartemens avec un seul feu. Des tuyaux en briques et plâtre, de dimensions suffisantes, prennent l'air chaud au foyer et le conduisent dans tout le bâtiment. Ces tuyaux présentent une bouche dans chaque appartement. Il n'y a qu'à ouvrir cette bouche pour avoir de l'air chaud.

Le foyer peut être alimenté avec de la houille, par économie. Dans ce cas, le gaz qu'on en extrait par la cuisson se distribue dans tout le bâtiment au moyen de conduits en plomb qui se terminent en becs dans les appartemens. Lorsqu'on veut de la lumière, il suffit de tourner une clé de robinet et d'enflammer le gaz.

La galerie intérieure est chauffée l'hiver et éclairée toute l'année.

La cuisine est adaptée au foyer, de manière à dispenser d'un feu particulier pour alimenter les fourneaux.

D'après ces dispositions, le chauffage et l'éclairage ne coûtent que le *tiers* de ce qu'on dépense avec des cheminées et des lampes ; on n'a jamais de fumée, jamais une chaleur étouffante, jamais alternance de chaud et de froid. Plus de lampes, plus de cruches d'huile qui salissent tout. Partout simplicité et économie.

Dans la cuisine se préparent les alimens de toute la population. Chaque famille s'abonne au mois, en raison de sa fortune et de ce qu'elle veut dépenser. Il y a trois prix, sans compter les extras. On est servi chez soi ou dans un réfectoire commun, suivant son désir.

Pour le blanchissage et le raccommodage du linge, chacun est également abonné. Il en est de même des autres services.

Au moyen de la préparation en grand des alimens, on obtient une économie incalculable dans la consommation. On sait que dans les colléges, les séminaires et les écoles en général, chaque élève a du vin, plusieurs mets et le dessert à chaque repas ; la salle à manger est décorée, entretenue, chauffée et éclairée aux frais de l'établissement ; le vin, la viande, le bois, etc., ont coûté des frais de transport, payé leur tribut au commerce et des droits d'octroi, souvent fort élevés. Cependant, la dépense n'est que de 0 f. 60 c. à peine, par jour, soit, moins de 5 sous par repas. Dans les hôtels très-fréquentés l'économie est analogue. Qu'est-ce donc au phalanstère où l'avantage de l'association s'étend à 500 personnes de goût et de besoins différens, et où les alimens sont créés par les consommateurs eux-mêmes et sur leurs propres fonds ?

Mlle HENRY. Je comprends bien ton grand château ; ta chûte d'eau qui épargne tous les ouvrages fatigans ; ton chauffage au calorifère ; ton éclairage au gaz et ton grand restaurant économique, mais je ne vois pas qui soigne le moulin, les écuries et la cuisine. Tu n'as que des mangeurs et pas de travailleurs.

EMILE. Avant la construction du phalanstère, le village était composé de beaucoup de maisons aussi tristes les unes que les autres, tournées en tous sens comme par hasard et toujours entourées de fumiers. Chaque famille avait sa batterie de cuisine, son train de labourage, et travaillait seule avec ses ressources, comme ferait un coutelier fabricant un canif à neuf lames dans une boutique de maréchal-ferrant. Les voisins, frères ou étrangers, étaient constamment en procès, tantôt pour une roie de terre retournée, tantôt pour une tuile renversée sur un mur mitoyen, rarement pour des sujets plus graves.

Chaque ménagère était sur pieds de 4 heures du matin à 10 heures du soir, pour monder l'écurie, soigner et traire une vache ; passer le lait ; fabriquer le fromage ; aller à la ville vendre un petit pot de crême, et rester là, assise sur la pierre ou la hotte, pendant des heures entières, quelquefois par un froid insupportable, en attendant que la concurrence ait fait justice du prix ; faire son lit , soigner ses enfans, la volaille et le porc ; préparer plusieurs repas ; entretenir son linge ; faire son ménage ; vaquer aux soins d'une petite culture ; entretenir un ou plusieurs feux ; faire la boulangère, la jardinière, etc., etc.

La femme de laboureur était un souffre-douleur auquel personne ne s'intéressait, pas même son mari. Si elle se plaignait, nul ne l'entendait; si elle gardait le lit, on s'en occupait uniquement parce que l'ouvrage ne se faisait pas. Mais quand , au lieu de la femme c'était la jument qui était arrêtée, oh! alors, il fallait voir la touchante sollicitude du maître! Que de soins , que d'attention ! quel respect pour l'ordonnance du vétérinaire !

Mlle HENRY. Ne vas pas chercher ailleurs ; c'est ainsi que se passent les choses ici. Il est même remarquable que la femme du gros cultivateur a encore plus de peine que celle du manœuvre. Lorsque je suis en moisson chez M. Floran, je ne voudrais certainement pas changer de place avec sa dame ; elle est la servante des journaliers , des faucheurs, des domestiques, de tout le monde !

EMILE. Les choses en étaient ainsi lorsque tous les habitans du village se sont réunis, et sont convenus de ce qui suit :

Chacun consent à la réunion de ses biens avec les autres, sous la condition qu'ils seront estimés et qu'on aura, pour leur valeur, une créance hypothécaire sur tous les biens réunis ;

Ceux qui travailleront à la construction du phalanstère auront les mêmes droits pour les sommes qui leur seront dues;

Quand le phalanstère sera habitable, chacun y choisira un logement en raison du prix et de son goût, placera ses économies sur l'association et aura les mêmes garanties que pour les mises en fonds;

Chaque année, on fera l'inventaire de toutes les valeurs mobilières de l'association. On soustraira d'abord la contribution publique, les charges de la société et le prix du strict nécessaire, ou *minimum*, à tous les associés, sans exception, et on divisera le surplus en trois parties égales : la première, à partager au marc le franc entre les créances sur l'association, les deux autres tiers appartiendront au travail et seront répartis entre les ouvriers, en raison du temps employé, de la nature des occupations, de leur habileté et de leurs talens.

Pour plus de clarté, nous allons donner un exemple de budget.

Et Emile prit une plume et dressa le tableau suivant :

BUDGET DE LA PHALANGE EN 1848.

REVENUS.

Valeurs mobilières de toutes natures au 1er janvier 1849................ 92,460 f.

Idem, en 1848......... 86,904

Mieux value.... 5,556

Produit des loyers, des abonnemens à la cuisine, compris extras, au chauffage, à

l'éclairage, au blanchissage,
etc., etc............... 79,400

Produit de la vente des
denrées et bestiaux....... 27,367

Produit des ateliers de
charronnage et ferronnerie
en dehors des travaux pour
l'association............ 9,213

Produit des créances de
l'association............. 2,128

Produit de la vente d'une
coupe de bois appartenant à
l'association............. 16,488

Ressources diverses..... 5,117

Total..... 145,269 — 145,269 »

DÉPENSES.

Pour contribution publique 8,514

Allocation à un médecin et
abonnement à la pharmacie 2,000

Frais de culte........ 350

Prime d'assurance contre
l'incendie............... 450

Pour le minimum à tous
les associés, chacun ne
payant en abonnement que
ce qui dépasse le nécessaire.. 52,500

Pour la rente d'un em-
prunt.................. 500

Pour achats divers...... 6,750

Dépenses diverses....... 2,000

Total..... 53,014 — 53,014 »

Reste à partager....... 83,255 »

Le tiers attribué au capital
est de........ .... 27,751 67

Reste à répartir entre les
travailleurs.............. 53,503 33

Tel est le compte sommaire de l'association.

Voici maintenant comment s'établit le compte de chaque associé :

Chaque individu, homme ou femme, et même l'enfant qui travaille ou qui possède en vertu de succession, a son compte particulier avec la phalange.

L'avoir de tout associé se compose :

De sa créance sur l'association ;

De la part proportionnelle à cette valeur dans le tiers des produits attribué aux créances sur l'association ;

Du prix de ses travaux pendant l'année.

De cette somme on soustrait :

La partie du loyer de l'associé, qui dépasse le minimum ;

La partie de son abonnement à la cuisine, au chauffage, à l'éclairage, à la lingerie, etc., qui dépasse le minimum ;

Les sommes payées à sa décharge par l'association, et le prix des objets à lui délivrés au bazar social, en dehors du minimum.

Ainsi, Mlle Julie n'a que douze ans, elle n'avait rien, elle s'est contentée du minimum, et sa part dans la somme attribuée au travail est de 104 fr. Elle devient alors propriétaire de l'association pour cette somme, au même titre que le plus opulent habitant de la phalange.

Mlle HENRY. Je comprends parfaitement les avantages de l'association pour la production et pour la consommation ; il est évident, que pour une même richesse de territoire, les phalanstériens sont incomparablement plus heureux que nous. Mais il est toujours une difficulté qui m'embarrasse : comment organiser le travail de manière à y intéresser tous les associés sans gêner leur liberté et à pouvoir payer chacun suivant ses œuvres et sa bonne volonté ?

EMILE. La question est posée catégoriquement ; je vais y répondre.

Organisation du travail agricole.

Les travaux sont divisés en services, tels que la cuisine, les écuries, les ménages, le jardinage, le labourage, les semailles, les moissons, le battage, le charronnage, etc., etc.

Chaque service comprend différens détails. Les personnes qui se chargent d'un détail forment un *groupe*. Les groupes se subdivisent en petites réunions nommées *émules*. Aucun émule n'a plus de trois membres.

Le travailleur choisit sa place parmi les services, les groupes et les émules qui lui conviennent. Ce choix se fait d'après les inclinations, l'aptitude naturelle, les forces, le désir du gain, etc., comme aussi d'après la sympathie qu'on éprouve pour les personnes qui forment ces réunions.

Pour comprendre le mécanisme des divisions du

travail et des travailleurs, représentons-nous le service des écuries.

Il comprend trois détails, par conséquent trois groupes.

1° L'apport des alimens ;

2° L'étrillage et le harnachement ;

3° Le mondage.

On voit que les personnes qui mondent ne s'occupent ni des alimens, ni des harnais, ni de la propreté des bêtes.

Un autre exemple : la cuisine.

Ce service comprend 7 détails, partant 7 groupes.

1° Les marmitons ;

2° Les chauffeurs ;

3° Les laitières ;

4° Les commissionnaires ;

5° Les rinceuses ;

6° Les officieuses servant à table ;

7° Les cavistes.

Ainsi, les officieuses qui servent à table, aux réfectoires et qui portent les repas à domicile, ne s'enquièrent ni des marmites, ni du chauffage, ni du laitage, ni du rinçage, ni des commissions, ni des caves.

Un troisième exemple : l'entretien du linge.

Il comprend 8 détails, conséquemment 8 groupes.

1° Le ramassage du linge à domicile, son dépôt à la buanderie et le report chez les propriétaires ;

2° L'encuvage et l'emploi de la cendre et de la potasse ;

3° Le chauffage ;

4º Le coulage ;
5º Le lavage ;
6º Le séchage ;
7º Le ravaudage ;
8º Le repassage et le replissage.

D'après ce qui est dit, on voit que les personnes qui lavent ne s'occupent nullement des autres détails.

Il est d'ailleurs facile de comprendre comment on change plusieurs fois d'occupation dans la journée. Mlle Julie fait partie des laitières, des officieuses et des repasseuses. Elle figure successivement dans chacun de ces groupes. Si Mlle Julie tient à gagner davantage, à augmenter son avoir, elle s'incorpore dans un plus grand nombre de groupes ou dans des services mieux rétribués, tels que la garde des enfans la nuit. Si, au contraire, Mlle Julie consent à moins gagner, elle conserve moins d'emplois. Enfin, si elle manque au service dont elle se charge, Mlle Julie sait qu'on lui retiendra le bénéfice attaché à sa présence, en faveur des autres membres du groupe, qui font alors sa besogne.

Ce changement dans les occupations, plusieurs fois le jour, prévient la fatigue et beaucoup de maladies. En y réfléchissant, on reconnaît que, en effet, s'amuser, se reposer, c'est tout simplement changer d'occupation.

D'après la division des groupes en émules, on comprend que nul ne travaille seul : l'homme isolé s'abandonne naturellement à la tristesse, et tombe dans l'accablement : en réunion, au contraire, il est disposé à la gaîté.

Les émules d'un même groupe étant en présence et employés aux mêmes travaux, se piquent naturellement de ne jamais rester en arrière, et de faire aussi bien, si ce n'est mieux que les autres. Ce stimulant, qui découle de l'amour-propre qui nous est naturel, remplace pour le perfectionnement des arts la concurrence impitoyable qui tourmente sans cesse l'ouvrier dans le système d'isolement et d'antagonisme individuels, sans avoir aucun de ses inconvéniens : la concurrence menace constamment l'ouvrier de le jeter sur le pavé ou au moins de baisser son salaire ; elle tourmente l'un par l'autre, et jette à chaque heure le poison dans la vie des hommes déjà les plus malheureux. Au contraire, la réunion *émule* la moins habile est comme une poignée de braves soldats qui, après s'être bien battus, doivent se rendre, mais avec les honneurs de la guerre.

Si la rivalité entre deux individus engendre nécessairement la haine, il n'en est pas de même d'émule à émule : ici, c'est l'esprit de corps qui domine. Tels qui font partie de deux émules rivaux, sont à l'heure suivante incorporés dans un même émule et intéressés à en soutenir la réputation. Nul n'étant isolé, soit pour le travail, soit pour l'intérêt, l'individualisme disparaît complètement, et la fraternité se trouve incorporée dans les formes comme Dieu l'a placée dans nos cœurs.

On comprend d'ailleurs que l'amour-propre que mettent les émules dans les travaux joints à la division des services en détails, qui permet à chaque travailleur de faire toujours les mêmes choses, doit donner aux phalanstériens une habileté qu'on ne rencontre aujourd'hui que dans les ateliers bien montés des grandes villes. Il est bien évident, que dans un atelier de charronnage, où chaque ouvrier fait toujours le même détail, où le tour, la meule, les tarières, les scies sont mus aussitôt qu'on applique une lanière sur leurs axes, il est évident, dis-je, que dans un tel atelier on fera mieux et à meilleur marché que les charrons travaillant seuls, dans des granges, sans autres moteurs que leurs bras, et obligés de faire de la même main tous les détails d'un métier varié (1).

La libre option entre les services et les groupes rend la paresse impossible. Au fond, ce qu'on nomme paresse, n'est que la répugnance à l'ouvrage qu'on est contraint de faire. Tel qui, par la gelée et par plaisir, passe des nuits entières à ravager les bois et les filets des pêcheurs, malgré la crainte des gardes, trouverait ennuyeux de soigner les chevaux ou de faire la cuisine. Il est des personnes qui éprouvent du plaisir à verser le sang, tandis que d'autres ne peuvent voir tuer un poulet. Chacun affectionne une nature de travail qu'il exécute par plaisir, comme récréation. Pas un homme ne voudrait être condamné à ne rien faire; tous

---

(1) Voici un exemple frappant de la simplification du travail par sa division : la chûte du catogan, sous la grande révolution, avait jeté, sur le pavé, à Paris, beaucoup de garçons perruquiers. L'ingénieur Prony en réunit un grand nombre, leur enseigna l'addition et la soustraction, et leur fit calculer la plus grande table de logarithme qu'il y ait au monde.

éprouvent le besoin d'agir, de s'occuper, sauf le choix des occupations. C'est pourquoi chacun travaille avec plaisir dans la phalange, d'autant mieux que nul n'est seul, qu'on change d'occupation plusieurs fois le jour, et que tout le monde peut dire : *Notre jardin, notre pêche, nos troupeaux.*

Par l'option entre les services, les groupes et les émules, le travailleur n'a pas seulement le choix dans les ouvrages qui lui plaisent, mais il a l'avantage de se mettre en rapport immédiat avec les personnes pour lesquelles il éprouve de la sympathie, et d'éviter la présence de celles qui lui inspireraient de la répulsion. Les jouissances du cœur et de l'esprit se trouvent ainsi réunies aux exercices du corps.

La justice exige aussi la plus entière liberté dans le choix des occupations. Dans l'anarchie actuelle de l'industrie, les travaux les plus pénibles sont les moins payés, parce que la misère y condamne le pauvre, tandis que la phalange est obligée, comme nous le verrons tout-à-l'heure, d'élever le prix des services fatigans jusqu'à ce que l'appât du gain y attire assez de travailleurs. Supposons, par exemple, que la phalange marchande avec l'état pour l'entretien de la route sur son territoire. Elle offrira *tant pour cent* du bénéfice net aux groupes qui consentiront à faire le travail avec les chevaux et appareils de l'association. Ce tant pour cent s'élève ou s'abaisse jusqu'à ce qu'il se présente assez et pas trop de travailleurs pour former les groupes nécessaires à l'entreprise. Alors, les casseurs de pierre, qui font le métier le plus stupide, le plus répugnant, se trouveront mieux rétribués que ceux qui , par exemple, sont restés à jardiner.

Tels sont les divisions du travail et les avantages principaux qui en résultent. Je vais maintenant vous expliquer comment le salaire du travailleur est fixé.

Mlle HENRY. Tu oublies, sans doute, Emile, de nous dire que chaque groupe a un chef; partout la direction est indispensable.

EMILE. C'est juste. Les membres d'un groupe élisent entre eux un *premier*, qui préside le groupe ; en outre, le tiers des membres , choisis aussi à l'élection, ont le titre de *seconds ;* les autres membres n'ont aucune distinction particulière.

La réunion des premiers de groupes forme le *Conseil d'administration* de la phalange.

Il y a en outre un *Conseil de famille*, dont les fonctions sont exclusivement de persuasion et de de conciliation. Ce conseil se compose du président du conseil d'administration, du curé et de l'instituteur.

Cela posé, je passe à la fixation des salaires.

Répartition dans le travail organisé.

En décembre et pour l'année suivante, on établit la proportion suivant laquelle la part des produits attribuée au travail sera répartie entre les services.

Supposons, par exemple, que le service des écuries soit représenté par.................. 4

Celui de la cuisine par.................. 6

Celui de la lingerie par.................. 4

Celui du jardinage par.................. 3, etc.

Alors, le service des écuries recevra 4, quand celui de la cuisine aura 6, celui de la lingerie 4, etc.

Si, à la liquidation d'une année, on remarque que certains services ont donné de trop faibles prix pour le temps employé, on élève leurs chiffres, afin d'y attacher ceux qui les remplissent, et qui ne manqueraient pas de les abandonner pour embrasser ceux où ils gagneraient davantage.

La part d'un service étant ainsi réglée, il reste à la distribuer entre ses groupes. Cette nouvelle répartition se fait d'une manière tout à fait analogue.

Ainsi, en reprenant, pour exemple, le service des écuries, la répartition entre les groupes est indiquée par ces membres :

Groupe des alimens..................	3
Id. de l'étrillage et du harnache-ment..................	4
Id. du mondage..................	4

On voit que, quand le premier groupe aura 3, le second recevra 4, et le troisième autant.

Les rapports entre ces chiffres peuvent évidemment se modifier, suivant que l'expérience le commande.

Il reste à faire la répartition entre les individus. A cet effet, on a constaté tous les jours, sur des listes imprimées, la présence ou l'absence des membres de groupes. Le partage se fait en raison du temps employé et du rang d'aptitude du travailleur.

La proportion des prix entre les membres d'un groupe est ainsi fixée :

Le premier..................	12
Les seconds..................	10

Les travailleurs non–titrés.......... 9

Travailleurs non-titrés et manquant plus du quart du temps............. 6

C'est-à-dire que, pour un même temps employé à l'ouvrage, le premier de groupe gagne 12, chacun des seconds 10, le travailleur ordinaire 9, et celui qui est inexact 6.

Les travaux de moisson et de vendange font exception : tout associé valide qui manque sans motif quand l'urgence est declarée par le conseil de famille, paie, pour chaque absence, une amende du centième de son revenu de l'année.

Les ateliers de charronnage, de menuiserie, de ferronnerie sont, comme tous les services, divisés en groupes et émules ; leur rétribution est déterminée aussi de la même manière, avec cette différence, qu'ils participent, en outre, d'une manière spéciale, au bénéfice net que fait l'association, par leur industrie, avec les villages environnans.

Il est d'ailleurs évident que la phalange pourrait posséder et exploiter une filature aussi bien qu'un atelier de charronnage. Sa fortune principale reposant sur le sol, la commune pourrait aisément se passer des bénéfices dans les temps de crise commerciale, et elle aurait l'avantage d'occuper ses membres dans les chômages agricoles.

D'après le mode de répartition adopté pour le salaire, chaque travailleur partage les avantages et les pertes en raison de son gain total. Ce gain comprend tant d'élémens, se compose de tant de dividendes qu'il constitue, pour ainsi dire, une moyenne providentielle indépendante de tout fait isolé, de toutes circonstances fortuites. L'ouvrier ne peut dès-lors éprouver la moindre inquiétude ; son revenu tient à l'existence même de la société.

En se rappelant que l'avoir en capital de chacun des associés est placé sur la phalange ; que la part des produits attribuée, comme revenu, à ces capitaux, est proportionnelle à celle du travail sans pouvoir l'envahir, et que le minimum est assuré à tous avant partage, on voit qu'il existe entre tous les associés cette solidarité humaine qu'indique la morale chrétienne, sans gêner en rien la liberté individuelle, et sans que chacun cesse d'être intéressé à travailler et à ménager pour sa vieillesse ou pour les siens.

Ce n'est pas que cette solidarité coûte à celui qui possède ; elle profite, au contraire, autant au riche qui regorge de tout, qu'au pauvre qui, derrière la muraille au lambri doré du salon, se tord sur la paille en appelant la mort. Tel qui, aujourd'hui, avec bien du mal ne peut vivre sans dettes, vivrait de ses rentes dans la phalange.

Il est clair, en effet, que dans la phalange, où le travail est bien ordonné, divisé, organisé, on fait mieux et plus d'ouvrage en six heures, que de quatre heures du matin à dix heures du soir dans l'anarchie, l'antagonisme, qui existe partout aujourd'hui. Il est aussi évident qu'il faut moins de toitures et de murailles pour les logemens, moins de chevaux, de harnais, de voitures, de charrues, etc., etc., à confectionner, entretenir et soigner. Il y a donc, sous ce rapport, encore une économie analogue à celle que nous avons constatée dans la consommation. Il y à donc partout augmentation de fortune et diminution de peine.

Mais il est encore un élément de richesse dont nous n'avons pas parlé : c'est l'augmentation des produits du sol par le fait de l'association.

Aujourd'hui, dans le système de morcellement, chaque fumier, placé contre la porte et sous la fenêtre de son propriétaire, alternativement desséché au soleil et lavé par les pluies, perd ses qualités essentielles. Dans la phalange, au contraire, les voitures, pouvant circuler dans les écuries, et la culture étant très-variée, les engrais peuvent presque toujours être transportés et enfouis immédiatement. Et quand le labourage est impossible, rien n'empêche de conduire le fumier dans des fosses couvertes, où il est à l'abri du soleil et de la pluie.

Dans son isolement, le petit exploitant a souvent un engrais brûlant pour une terre sablonneuse, quand son voisin dépose, dans une terre forte, un fumier qui a subi tous les degrés de la fermentation. Un autre force une terre maigre à produire du blé quand son frère ou même son fils sème du seigle dans un terrain argileux et gras. Les champs sont alors comparables à des hommes contraints de manger ce qu'ils n'aiment pas, et de se livrer à des travaux contraires à leurs facultés.

Pour le transport des récoltes, l'un traîne un énorme charriot pour quelques gerbes, quand l'autre écrase sa légère charrette sous une charge trop forte.

Dans beaucoup de pays, notamment dans l'ancienne Lorraine, on trouve à peu de profondeur, dans la terre, un mélange naturel de chaux et d'argile, nommé *marne*. Cette marne, répandue à la surface des plateaux aujourd'hui stériles, leur donnerait une valeur égale et souvent supérieure à celles des vallées les plus fertiles. Dans les contrées où la marne est exploitée, telle que la Franche-Comté, elle remplace le fumier. Chaque répandage produit une grande fécondité pendant 8 à 10 ans en moyenne. Il est évident qu'un cultivateur aisé, même riche, y regardera en deux fois pour faire des recherches et des essais de marnage, à ses frais, tandis qu'une commune associée comme la phalange, ne balancera pas devant une dépense minime, pour une mesure qui peut doubler sa fortune.

Le meilleur terrain est celui qui met le mieux les racines de la plante en contact à la fois avec l'air, la chaleur et l'humidité. Le terrain sablonneux n'est mauvais que parce qu'il se dessèche trop facilement. L'argile pure n'est mauvaise que parce que l'air ne peut la traverser et qu'elle se durcit trop par la sécheresse. C'est le mélange convenable de ces matières qui constitue les terrains productifs. L'association, qui dispose de grands moyens d'action, peut donc corriger le sol et rendre fertiles des terrains arides, par le mélange des terres trop argileuses avec celles où le sable domine. D'ailleurs, il est aussi naturel de corriger les terrains pour les fertiliser que de labourer et semer du blé, au lieu de vivre des herbes qui croissent naturellement sans culture.

Les eaux qui se perdent dans les rivières ont une valeur immense : on évalue à un revenu de trois milliards (1) le parti que la France peut en tirer par l'irrigation des terres et comme force motrice, pour l'industrie. C'est donc un revenu réel, absolu, de 87 fr. par tête, qui résulterait immédiatement de l'association. Mais, tant qu'un territoire sera divisé en 10,000 parcelles, tant que chacun pourra entraver le progrès sans aucun motif que son bon plaisir, on n'arrivera qu'à des améliorations insignifiantes. C'est à peine si, aujourd'hui, on peut amener quelques propriétaires à se réunir pour l'ouverture d'un fossé d'écoulement, ou pour une amélioration quelconque. Quand il s'agit de faire payer plusieurs propriétaires pour une opération qui peut, à la rigueur, rapporter plus à l'un qu'à l'autre, on est à peu près certain de ne jamais y parvenir.

Pour l'exploitation des terres élevées au-dessus des villages et même dans les plaines, l'antagonisme, la division des intérêts n'a pas permis de faire des chemins praticables. Telle partie d'un territoire communal acquerrait une valeur de cent mille francs par la création d'un chemin qui coûterait mille écus. Mais il faudrait le consentement des uns, la contribution des autres, et le chemin reste en projet dans les cartons de l'agent-voyer ou du maire intelligent qui l'a conçu.

Vous voyez que partout la division, l'antagonisme s'opposent au bien.

Mais à part l'individualisme contre lequel la loi ne peut rien, l'agriculture manque d'un agent indispensable, et qu'on pouvait lui procurer, c'est le

____

(1) Voir les calculs de M. de Gasparin

capital. Pour améliorer des terres qui rapportent deux pour cent, celui qui emprunte à cinq et quelquefois à huit et plus, va droit à sa ruine. La plupart de ceux qui se sont livrés par spéculation, à des améliorations agricoles, se sont donné beaucoup de mal, ont rendu des services à la société et ont vu passer leurs biens aux créanciers. Le capital exempt d'impôt, grossit, pour ainsi dire, à son insu. Les représentans, qui parlent de secourir l'agriculture comme moyen d'obtenir des voix, se sont bien gardés de décréter la banque hypothécaire ou crédit foncier. Ils savent bien que c'est là ce qui manque à l'agriculture, mais leurs propres débiteurs s'échappaient de leurs mains par la mesure : aussi a-t-elle été rejettée à une grande majorité.

S'ils n'eussent pas compté sur l'ignorance des électeurs, les représentans, qui tiennent tous à être réélus, auraient été unanimes pour voter le crédit foncier ou banque hypothécaire , l'impôt progressif sur le revenu , etc., etc. ; mais en repoussant ces grandes mesures, ils comptent sur les journaux qu'ils paient pour les louer dans leurs départemens, et pour rendre les républicains odieux en les disant communistes, partageurs , guillotineurs , etc., etc. Des journaux qui louaient Guizot pour de l'argent, louent aujourd'hui les représentans réactionnaires aux mêmes conditions. Ils osent dire que l'impôt progressif, c'est le *communisme* , que le crédit foncier, c'est l'ancien *assignat*, et dans le même article, où ils prennent leurs lecteurs pour des ignorans, ils félicitent *les bons habitans des campagnes* de leur jugement. Et tous les jours on entend des industriels, des cultivateurs, des vignerons repousser de leurs vœux l'impôt progressif et le crédit foncier !

Mais je m'éloigne de mon sujet ; je reviens à la phalange.

Mlle HENRY. Nous t'avons bien compris. Seulement il est quelques points qui m'embarrassent ; je vais te les soumettre.

Et la sœur d'Emile fit à son frère les questions suivantes :

Une famille, qui habite le phalanstère, veut changer de logement ; que fait-elle ?

EMILE. Elle recherche les habitations vacantes ou libres, et choisit, absolument comme on fait aujourd'hui partout. D'ailleurs, il est loisible à chacun d'embellir son logement à ses frais. Nul n'est forcé de changer de logement, sauf le cas où l'on ne pourrait acquitter le loyer. Alors on est contraint de se loger en raison de ses ressources ou dans une habitation *minimum*, à laquelle on a toujours droit.

Mlle HENRY. On veut acheter un meuble ; comment s'y prend-on ?

EMILE. On choisit au bazar social, qui revend sans bénéfice, ou l'on s'adresse au dehors, si on le préfère. Dans ce dernier cas, on charge le bureau d'administration d'acquitter la facture, sauf à en débiter son compte.

Mlle HENRY. Si une dame veut, comme la baronne, se faire habiller à Paris, que doit-elle faire ?

EMILE. Ecrire elle-même ou en charger le bureau ; les objets viennent à son adresse, et quand elle a accepté l'envoi, elle vise la facture et la remet au bureau, qui paie à sa décharge, sauf à lui en tenir compte comme dans le cas précédent.

Mlle HENRY. Une personne de la phalange achète un meuble à une autre, également de la phalange ; quelles sont les formalités à remplir ?

EMILE. La personne qui achète marque, sur son compte particulier, au bureau : *Passer telle somme au compte de N..., pour tel objet qu'il me vend.* Si l'acheteur n'a rien sur l'association, le marché est nul. On comprend que la phalange, assurant le nécessaire à tous, ne doit pas souffrir que l'un s'assujétisse à l'autre par des dettes. Il n'y a au phalanstère que des créanciers sur l'association. Nul ne doit.

Mlle HENRY. J'avais d'abord craint la corruption électorale pour les premiers et les seconds de groupes, mais je comprends maintenant qu'elle est impossible. Chez nous, on se doit, on se donne en secret ; de là la facilité d'acheter des voix. Dans la phalange, au contraire, tous les marchés, tous les actes sont avouables et avoués ; toute possession est nécessairement légitime. On ne peut donc donner ni accepter que pour des motifs honorables. Par la même raison, on ne peut avoir l'ombre de soupçon sur la pureté des actes de ceux que le conseil d'administration charge d'acheter ou de vendre dans l'intérêt de la phalange.

D'après la même considération, il est également évident que le vol est matériellement impossible.

Le minimum assuré à tous est une bien belle chose, mais n'est-ce pas une très-lourde charge pour l'association ?

EMILE. Moindre qu'aujourd'hui pour nourrir les mendians. Chez nous, la société ne nourrit pas seulement l'aveugle qui chante dans les rues, l'infirme

qui se fait traîner aux portes des églises et le men-
diant qui s'introduit dans les corridors, mais encore
la femme où l'enfant qui conduit le premier, l'âne
nécessaire au second, et la police, les gendarmes, et
l'état-major de la justice qui surveillent, saisissent,
emprisonnent, gardent et biographient les autres
avec tant de soin. Tout compté, il en coûte beaucoup moins à une association pour faire disparaître
la misère, que dans le système actuel pour nourrir
les mendians et punir les voleurs.

Et en supposant même que la dépense fut égale
ou supérieure, n'est-il pas doux de songer que nul
n'est poussé au crime par la nécessité ? que **nul**
n'est tenu de chanter dans les rues pour un verre
d'eau ou pour loger à l'étable ? qu'aucun infirme,
aucun vieillard n'est sans pain, sans logement, sans
feu ? que nulle femme n'est exposée à l'infamie par
la misère ? que nul malheureux, à conformations
monstrueuses, n'est obligé de se donner en specta-
cle pour vivre ? qu'enfin nul ne doit, nul n'est in-
quiet de l'avenir ? Quand on ouvre les yeux sur le
tableau des misères humaines, peut-on dire que la
société actuelle est dans les vues de Dieu ?

Mlle HENRY. Tu sors de la question. Réponds-moi
catégoriquement, nous ferons nos réflexions après.

Dans la phalange, chacun a le nécessaire assuré.
On est donc *libre* de ne pas louer son corps comme
domestique. J'ai bien compris que moyennant abonnement, les chevaux de luxe du riche sont nourris
et soignés par les services publics, qu'il en est de
même de l'entretien du linge, du mobilier, etc., etc.
Cependant on peut supposer que quelqu'un veuille

avoir chez soi, un ou plusieurs domestiques qui soient sous la main nuit et jour ; dans ce cas, je ne vois de moyen que d'attirer, par la bonté et la générosité, ceux qui sont naturellement obligeans et officieux. Est-ce ainsi que se passent les choses dans la phalange ?

EMILE. Précisément. Là, il faut du tact pour distinguer l'obligeant de l'obligé. N'étant rapprochés que par des sympathies, ils ont l'un pour l'autre tant de confiance et d'attachement qu'ils paraissent membres de la même famille. L'officieux prend le nom des personnes qu'il oblige et il en est traité comme frère. Toutefois, les vieillards seuls ont des officieux : on rirait des jeunes gens qui ne se contenteraient pas des services publics.

Mlle HENRY. Tu nous as dit que dans la phalange on ne travaille que six heures par jour en moyenne, grâce à l'ordre qui règne dans les travaux. A quoi les jeunes gens peuvent-ils passer l'autre partie de la journée ? sans doute qu'on danse !

EMILE. Les jeunes gens s'amusent généralement à la musique, à la peinture et même à la sculpture. L'association possède un musée toujours ouvert aux amateurs. Chaque année, la veille de la fête patronale, un concours est ouvert pour les tableaux et les statues à admettre à l'église, ainsi que pour les morceaux de chant et de musique qui doivent être exécutés à la grande messe patronale. Il se trouve parfois des jeunes gens qui ont une telle passion pour la peinture qu'ils préfèrent vivre du minimum que de travailler à tout autre chose pour gagner. Ce n'est pas que beaucoup de personnes ne feraient des dons à ces artistes, mais dans la phalange on n'oserait rien offrir qui ressemblât à un secours.

Mlle HENRY. Comment les enfans sont-ils élevés au phalanstère ?

EMILE. La plupart des mères les allaitent et les laissent à la crèche qui est, comme tout le bâtiment, chauffée jour et nuit. Les marmots sont tantôt dans leurs berceaux, tantôt sur des nattes, dans des espèces de cages en filets de soie de couleurs éclatantes. Une chaleur douce permet de leur laisser les membres libres au lieu de les emmaillotter comme chez nous. Il est quelques mères qui gardent leurs enfans à domicile, mais elles font exception.

Lorsque les petits atteignent trois ou quatre ans, ils passent à l'asile, où on les amuse à tracer des lettres avec la craie sur des tableaux ; on les exerce à la promenade dans la galerie intérieure, si c'est l'hiver, et dans les cours et jardins, l'été. L'école leur est ouverte quand ils savent un peu écrire.

Il est d'ailleurs remarquable que le village associé présente moins de grosses familles que les autres communes. Cela tient, sans doute, à ce qu'on y est plus riche qu'ailleurs. On a remarqué, en effet, de tout temps, que les populations pauvres se multiplient beaucoup plus vite que la classe fortunée.

Tel est, ajouta Emile, le système des phalanstériens. Ils prétendent que c'est là le royaume de Dieu, dont parle l'oraison dominicale. Comme tous les socialistes, ils se croient dans l'évangile. Ils ont fait des livres où la phalange est peinte comme un vrai paradis ; ils représentent les travailleurs en uniforme, bannière et musique en tête , *attaquant* un champ de trèfle à faucher, etc., etc. Toutes ees exagérations ont plus fait rire que penser. Mais ce que nous venons de dire suffit pour qu'on puisse se former une opinion sur la phalange.

Mlle HENRY. Penses-tu, Emile, que jamais les villages s'organisent en phalanstères ?

EMILE. Il est à peu près certain qu'on fera des essais, soit à la charge de l'état, soit aux frais des socialistes, par souscriptions. Alors, l'expérience prononcera. En observant la marche de l'humanité, on ne peut s'étonner de rien de pareil. Bien des choses ont été jugées impossibles pendant longtemps, et se sont réalisées ensuite. Il est même digne de remarque qu'on a traité comme fous ou criminels tous les grands hommes qui ont devancé leurs siècles. Ainsi, Socrate fut condamné à mort pour avoir enseigné qu'il n'y a qu'un Dieu, à une époque où l'on en connaissait des milliers ; le Christ fut crucifié comme un séditieux, un fou annonçant l'égalité et la fraternité entre le maître et l'esclave. Pendant des siècles , on martyrisa ceux qui enseignaient l'évangile , et que nous honorons comme saints ; Galilée a passé dix ans dans les prisons pour avoir prétendu que la terre tourne , et non le soleil. Christophe Colomb s'est vu rebuté de toutes les cours auxquelles il demandait un vaisseau pour découvrir un nouveau monde ; il n'y a pas quarante ans que l'Institut de France, et Napoléon luimême, reçurent comme un fou, digne de pitié, l'ingénieur qui s'offrait à faire mouvoir des vaisseaux par la vapeur. Enfin, Gray se vit repousser par toutes les

compétences en plein dix-neuvième siècle (1821),
lorsqu'il prétendit qu'on pouvait voyager avec la
vapeur sur les chemins de fer. Il dut lire sur un
journal qu'*il était fou à enfermer*.

En présence de ces faits et aux yeux de la saine
raison, on ne peut évidemment pas condamner par
avance un système d'association sans l'avoir essayé
régulièrement.

Il est d'ailleurs remarquable que nos pères ne con-
naissaient ni la machine à battre, ni l'éclairage au
gaz ni même le chauffage au calorifère. On ignorait
également les procédés pour bâtir en grand à bon
marché. L'association, en supposant qu'elle fût
alors possible, n'aurait donc pas présenté les mêmes
avantages qu'aujourd'hui. Mais ce qui manquait essentiellement, c'était le moyen d'organiser le travail et d'intéresser tous les habitans d'un village à la
prospérité commune.

En supposant même que la possibilité de l'association phalanstérienne fût démontrée, elle rencon-
trerait de graves obstacles. Parmi les riches qui ar-
rivent au pouvoir, il en est peu qui ne trouvent la
société actuelle parfaitement heureuse. Ils ignorent
les peines du cultivateur qu'ils dédaignent généralement, s'habituent à voir les prolétaires des villes
grouiller, nus, entassés dans des huttes humides,
et à prendre les femmes malheureuses pour les
jouets de leur brutalité. Ils méprisent l'ouvrier,
emprisonnent ceux qui contreviennent aux lois
sans penser que ces malheureux sont victimes de
l'organisation sociale. Ils trouvent tout naturel qu'un
vieillard aille en prison pour avoir ramassé le bois

sec dans les forêts et qu'il meure d'inanition pendant qu'eux-mêmes nourrissent des meutes de chiens pour leurs menus plaisirs. Il en est même qui ne se croient riches ou aisés qu'à la condition de voir des pauvres. Ceux-là mettront tout en œuvre pour retarder tout essai d'association. Ils fonderont des journaux, soudoieront des écrivains mercenaires pour affirmer que l'association est impossible, qu'elle corromprait les mœurs, qu'elle détruirait les liens de famille, qu'elle gênerait la liberté individuelle, etc., etc. Ou bien, ils démontreront que la pauvreté est nécessaire, qu'elle est un bien, que Dieu l'a voulue ; ils ont déjà dit que la pauvreté contribue plus puissamment au bonheur que les richesses, et mille choses analogues. Mais en résumé, si les doctrines socialistes sont bonnes, elles triompheront, et si elles ne sont pas applicables, le bon sens public en fera justice. On ne peut donc, à aucun égard, en concevoir d'inquiétude.

Mlle HENRY. Je t'assure, Emile, que les méchantes gens auront beau faire, la phalange sera essayée. Si elle était expliquée dans tout le village, et qu'on fît ensuite une liste de souscriptions pour couvrir les frais d'essai, chacun souscrirait en moyenne pour plus de un franc. Et tous les Français en faisant autant, il est probable que la ressource serait suffisante.

EMILE. Vingt fois suffisante ; il ne faudrait qu'un sous par personne, et on ne l'aura de longtemps. Tu n'as qu'à parler demain à tes amies de ce que j'ai expliqué ce soir, la chose arrivera au baron, et le prochain n° de la gazette qu'il paie pour empoisonner le pays, criera au scandale, annoncera que ce n'est plus seulement à Paris, mais dans nos campagnes, que des hommes altérés de sang, des communistes, des républicains enragés, prêchent leurs doctrines coupables. Sur une dénonciation anonyme, je serai mandé au comité supérieur où siége le baron en qualité de conseiller général par le vote de mon père, et je me verrai révoquer. Des prêtres ont été changés de paroisses pour avoir soutenu que les socialistes n'enseignent rien de contraire à la religion.

Ici, Emile remarqua que sa mère dormait la tête sur les genoux. Il voulut terminer l'entretien, mais sur les instances de sa sœur et sur la demande de M. Henry, il expliqua ce qu'on entend par *aristocratie*.

Aujourd'hui, dit-il, on n'entend, par *aristocratie*, que les mauvais riches.

L'aristocratie porta les armes contre sa patrie dans la grande révolution. En qualité de généraux, des aristocrates faisaient battre et détruire nos armées en détail, pour faciliter l'invasion des Cosaques, qui n'eut lieu, malgré leurs efforts, qu'en 1815;

En 1825, la chambre des députés, composée en majorité d'aristocrates, élus par les capacités de 500 fr. d'impôt parmi les capacités de 1,200 francs (on voit qu'ils étaient encore plus capables que sous le règne de Louis-Philippe), arrache au peuple, pour être partagé entre les Français qui avaient fait la guerre à la France, *un milliard de francs*, c'est-à-dire plus de pièces de vingt sous qu'il ne s'est passé de minutes depuis la naissance de Jésus-Christ. Nos contributions servent tous les jours à payer la rente de cette somme effroyable.

En 1830, l'aristocratie voyant la démocratie victorieuse, abandonne lâchement le vieillard couronné qu'elle avait perdu par ses conseils, caresse le peuple, lui fait des promesses, et trouve un misérable qui ramasse, dans le sang des victimes, la couronne de son parent, et la place, encore rouge et dégouttante, sur sa tête. C'était ce Louis-Philippe qui, quatre ans auparavant, avait reçu six millions pour sa part dans le milliard. Le peuple débonnaire rentre alors sous le joug. Et, pour l'y maintenir, on l'attère par des supplices ; on lui refuse le droit de suffrage, et on l'exclut du jury ; on le pressure par l'impôt sous toutes les formes ; on organise une force écrasante, par laquelle le fils contient le père. Et se voyant pauvre et méprisé, le peuple ne songe ni à se compter ni à s'unir ; et, sous le vain mot de *liberté*, il est plus esclave que le nègre qu'on vend sur la place.

Aujourd'hui, après Février, la même aristocratie stipendie des publicistes ignobles, pour jeter l'épouvante dans le pays par des nouvelles alarmantes et par des calomnies les plus odieuses. Elle parvient à tromper le peuple, et à se faire envoyer à la chambre. Par ses manœuvres, elle retire les capitaux, ruine le commerce, l'industrie et la petite propriété, jette une perturbation profonde dans les existences, avive la faim du pauvre au sein même de l'abondance, et ramène les classes souffrantes à maudire la République et à regretter la royauté.

C'est ainsi que l'aristocratie neutralise les révolutions, et qu'elle tient le peuple dans la misère, l'ignorance et l'abrutissement.

Bar, Imprimerie de SUHAUX frères, rue Rousseau, 22.